マドンナメイト文庫

素人告白スペシャル 隣の人妻―夜の淫らな痴態

素人投稿編集部

第一章　顔見知りの人妻が晒した淫らな本性

第二章　美熟女の秘めた肉欲が目覚める瞬間

第三章　欲しがり奥様の濡れた艶穴に誘われ

第四章　肉悦を知った女は新たな快楽を求め

※投稿者はすべて仮名です

第一章
顔見知りの人妻が晒した淫らな本性

ピアノの調律で出会った貞淑セレブ妻のびしょ濡れマ○コを指技で辱めて……

久留米達彦　ピアノ調律師・三十六歳

私はあるお宅に年に二回、ピアノの調律をするため、もう五年も通っております。

林田《はやしだ》さんは旦那さんが医師で白亜の豪邸に住んでおり、奥さんの麻里子《まりこ》さんも中学生の娘さんもいかにも育ちがよさそうな印象を与え、絵に描いたようなハイソサエティな家庭を築いていました。

麻里子さんは四十前後でしょうか。洗練された雰囲気にはいつもドギマギするばかりで、私はひそかなあこがれを抱いていました。

去年の三月の下旬、都心のホテル内のラウンジにあるピアノの調律をしにいったときのことです。仕事を終えたあと、ロビーで麻里子さんとばったり出くわしたときは、ほんとうにびっくりしました。

彼女の話では、学生時代の友人とホテル内にある喫茶室で会う予定だったらしいのですが、その友人に急用が入り、キャンセルになってしまったとのこと。

お茶でもと誘われ、私は二つ返事でオーケーしました。

ほんとうはお客様との個人的な接触はタブーなのですが、ためらいは少しもありませんでした。

襟元と袖に紺色のパイピングが入った純白のワンピース、気品を感じさせる薄化粧と、その日の麻里子さんはとてもエレガントで美しく、完全に我を失ってしまったんです。

喫茶室にいたのは、三十分ほどだったでしょうか。

彼女は上流階級の人たちによく見られる高慢さが微塵《みじん》もなく、おっとりしているというか、おおらかというか、とても親しみを感じさせる女性でした。

ほぼ世間話が中心でしたが、よくよく話を聞くと、小学校から大学まで女子校で、大学を卒業後に親の薦めで見合いして結婚、働いた経験は一度もないという、生粋《きっすい》のお嬢様だったんです。

上品な物言いとふるまいに、私はますます彼女のとりことなり、時間があっという間に過ぎてしまいました。

そしてその日から三週間後、調律の日を迎えたときのことです。

いつもは夕方の時間帯なのですが、この日はなぜか午後一時を指定され、単純な私は何かいいことがあるのではないかと期待しながら麻里子さんの家に向かいました。ところが途中、集中豪雨に見舞われ、傘を持っていなかった私は、ずぶ濡れの状態で彼女の自宅に到着したんです。

「すみません。うっかり折りたたみの傘を忘れてしまって」

「まあ、風邪を引いたらたいへんです。すぐに、シャワーを浴びてください」

「え？　いやいや、それはけっこうです」

「だめですよ。今日は肌寒いし、髪の毛まで濡れてるじゃないですか」

「いえ、家の人に知られたら、びっくりされますし」

「主人は学会で地方に行ってますし、娘は習い事で今日は遅くなるんです。誰もいないので、安心してください」

それでも自分の不注意から、お客様の家の浴室を借りるなど、そんな厚かましいことはできません。丁重にお断りしたのですが、彼女は絨毯が汚れるからという理由で、強引に浴室まで連れていかれました。

「スーツとズボンは、アイロンをかければ大丈夫かしら。ワイシャツは乾燥機で乾かしておきますね」

「いや、そこまでしてもらっては……」

「遠慮なさらないでください」

麻里子さんはにっこり笑い、浴室をあとにしたのですが、天然というか、人がいいというか、私は逆にとまどうほどでした。

仕方なくシャワーを浴びて出てくると、またもやびっくりする出来事が待ち受けていました。

脱衣籠の中にバスタオルとは別に、白いバスローブが置かれていたんです。

おそらく旦那さんのものなのでしょうが、これを着て仕事をしろというのか、とにもかくにも初めての体験に私は面食らうばかりでした。

とにかくあせりまくったのは事実で、私はパンツの上からバスローブをまとい、すぐさまバッグを手にグランドピアノが置いてある部屋に向かいました。

なるべく早く調律を終わらせ、一刻も早く退散しなければと、そんなことばかり考えていたと思います。

さっそく仕事に取りかかったものの、麻里子さんはブランデー入りの熱い紅茶を持ってきて、私はひたすら恐縮しました。

「暖房、もっと効《き》かせましょうか?」

「いやいや、これだけ暖かければ大丈夫です。ありがとうございます」

頭をペコペコ下げる姿が滑稽《こっけい》だったのか、彼女はクスリと笑い、部屋から出ていきました。

いつもは二時間かけてする調律を一時間半で終わらせ、濡れた服はもう乾いているだろうと、私は恐るおそるリビングに向かいました。

「あの……すみません」

扉をそっと開けると、麻里子さんは窓際のソファに横たわり、うたた寝をしていました。

来客中だというのに、なんと無防備な人なのか。着替えがどこにあるのかわからなかったので、起こさないわけにはいきません。

ふかふかの絨毯の上を歩き、声をかけようとした刹那、私の視線は赤いルージュを引いた唇と、なめらかな胸のふくらみ、そして膝丈ワンピースのすそから伸びた、透きとおるように白い生足に向けられました。

緩やかに波打つバストは蠱惑的《こわくてき》なボリューム感を際立たせ、男の分身がバスローブの下で体積を増していきました。

あのときの私は本能と理性の間で、ひどく葛藤《かっとう》していたのではないかと思います。

懸命に自制心を働かせる一方、このおおらかな性格なら、多少の不埒《ふらち》な行為も見逃してくれるのではないか、ひょっとして受け入れてくれるのではないかと、都合のいい考えに占められていったんです。

「……あ」

人の気配を察したのか、麻里子さんはあわてて跳ね起き、顔を耳たぶまで真っ赤にさせました。

「ご、ごめんなさい。うっかり寝てしまって……」

お嬢様育ちの身としては、よほど恥ずかしかったのでしょう。うつむき加減で目を逸《そ》らし、困惑する姿に男の狩猟本能がくすぐられました。

この女性なら、きっとうまく事を運べる。男の勘とでも言ったらいいのか、根拠のない確信を得た私は、一も二もなく麻里子さんに抱きついてしまったんです。

「……あ」

「奥さんっ！」

「な、何を……」

「好きです。前から好きだったんです！」

愛の告白をしてから力強く抱き締めても、彼女は逃げ出す素振りをまったく見せませんでした。

びっくりしているのか、それとも恐怖で身がすくんでいるのか。悲鳴すらあげなかったのですから、私のほうが逆にあわてふためいたほどです。

「どうか、私の気持ちを受けとめてください!」

何はともあれ、情熱的な言葉でたたみこむと、やけに落ち着いた声が返ってきました。

「いけませんわ」

「……え?」

「私は結婚してますし、娘もいます。あなたとおつきあいできません」

「それはわかってます! でも、あなたのことが好きで、もうどうにもならないんです」

妙な展開になったなと頭の隅で思ったのですが、もはや後戻りはできませんでした。

厳しい口調で咎《とが》められたら、私は顔をひきつらせ、何度も謝罪して逃げ帰っていたと思います。はっきり拒否しないのをいいことに、背中からヒップに手を伸ばすと、
彼女はか細い声でようやく拒絶しました。

「あ……だめです」

「お、奥さん、もうたまりませんよ」

ワンピースのすそをたくし上げ、太もものラインをなでさすると、麻里子さんはとたんに眉根を寄せ、甘ったるい声を発しました。

「はっ、ンっ」

手首をつかまれたものの、力はさほど入っておらず、指先はすぐさま股のつけ根をとらえました。

「だ、だめですったら」

「い、一度だけ、一度だけでいいから、私の願いを聞いてください」

ふつうに考えて聞き入れられるはずはないのですが、とにかくあのときの私は必死でした。なし崩し的に背徳の関係になりたいがため、彼女に快感を与えることばかりに神経が集中していたんです。

首筋に唇を押し当てると、ものすごくいい匂いがして、ペニスは早くもフル勃起してしまいました。

恥丘のふくらみもふっくらした弾力感を与え、クリトリスだろうと思われる小さな突起を延々とこね回してやったんです。同時に肌の甘い匂いを犬のように嗅いでいると、麻里子さんの体の動きがピタリと止まり、私は訝《いぶか》しみました。

いったい、彼女はどうしたのか。疑問を抱いた私は頭を起こし、熟女の様子を薄目で観察しました。

なんと麻里子さんは、ソファに背を預け、うっとりした表情で目を閉じていたんです。

何度か顔を合わせているとはいえ、得体のしれない男に女の秘所をまさぐられれば、派手に身をよじって拒絶するはずです。

セレブ夫人の想定外の反応にしばし呆然《ぼうぜん》としたのですが、私はこれ幸いと、さらに強い刺激を与えました。

「……ンっ」

ショーツの船底が湿り気を帯びるころ、麻里子さんは艶《つや》っぽい声をあげ、舌先で唇をなぞり上げました。

ひょっとして、快感から身が動かないのかもしれない。そもそも、上流階級の夫婦は、どんなセックスをしているのか。

好奇心と高揚感に包まれた私は、一心不乱に指をスライドさせました。

麻里子さんは相変わらず目を閉じたまま、拒絶の言葉はもちろん、悦の声すらあげようとしません。

ショーツに浮き出た尖りを執拗《しつよう》にいじっていると、指先に粘り気のある粘液が絡みつきました。次の瞬間、彼女は形のいいアゴをクンと上げ、ヒップを申し訳程度にぶるんとふるわせたんです。

エクスタシーに達したのか否か、まったくわからず、私は熟女の顔をまじまじと見つめました。

眠っているような姿を目にした限り、やはり絶頂に導いたとしか思えず、試しにワンピースのすそを、ゆっくりたくし上げてみたんです。

彼女はソファに背もたれたまま、けっして目を開けようとはせず、快楽の余韻にひたっていると考えた私は、ギラギラした目をふっくらした下腹部に向けました。

上部にレースのフリルをあしらった薄桃色のショーツはとても清楚で、彼女らしい下着をはいていると思いました。

スリットに沿って浮き出たシミを発見したときの感激は、いまだに忘れられません。

全身の血が沸騰し、ペニスがバスローブの下で、いちだんと反り返りました。

私は絨毯の上に立ち、彼女に気づかれぬようにショーツを引きおろしていったんです。

「はあはあ、はあふうっ」

楚々とした恥毛の翳《かげ》りにドキリとし、荒い息が絶え間なく放たれました。

ショーツを足首から抜き取り、美脚をそっと広げると、ゆがみのない艶々した陰唇が目に飛びこみました。

色素沈着はほとんどなく、お嬢様育ちの女性はあそこもきれいなんだと思ったほどでした。顔をゆっくり近づけると、甘い香りのなかにかすかな乳酪臭がただよい、なまなましさとのギャップにペニスが激しい脈を打ちました。

私は指で花びらを押し広げ、タコのように吸いついたんです。

「あ……」

違和感を覚えたのか、麻里子さんは小さな悲鳴をあげて両足を閉じました。

頬をキュッと挟まれたものの、私は怯《ひる》みもせずに女肉の連なりを、じゅるじゅるとすすりたてました。

「くっ、ふっ、やっ」

快感のなごりはまだ続いていたのか、足から力が抜け落ち、今度は舌で包皮を剝き上げ、クリトリスを集中的に責めたてました。

ムンムンとした発情臭が割れ目から放たれ、芳醇な匂いを嗅ぐたびに、脳みそがどろどろに溶かされていきました。

「あぁ……」

上目づかいに見つめると、麻里子さんの目はとろんとしだし、唇が乾くのか、舌で盛んに舐め上げていました。

快感にあらがおうとしているのか、細眉をくしゃりとゆがめ、首を左右に振る仕草がとても悩ましかったことを覚えています。

私はクンニリングスをしながらバスローブの腰紐をほどき、白い布地を脱ぎ捨ててパンツ一丁になりました。そして彼女の片足を抱え上げて肩に担ぎ、大股開きにさせたんです。

「……あっ」

麻里子さんは一瞬、目を見張ったものの、すぐさま顔をそむけました。ぱっくり割れたおマ◯コを、隅々まで剥き出しにされたのですから当然の反応です。

「はあ、こんな、こんなこと」

もしかすると、異性の前であられもない格好をさせられたのは初めてのことだったのかもしれません。美熟女は同じセリフを何度もつぶやき、ほくそ笑んだ私はツンと突き出た肉粒に指先を絡ませました。

「う、ふっ！」

「奥さん、すごいですよ。ほら、見てください。いやらしい汁が、こんなに溢れて」

「嘘……嘘です」

「嘘じゃないですよ。私の指、エッチな愛液でもうビチャビチャですよ。ほら、目を閉じてないで、しっかり見てごらんなさい」

羞恥心を煽《あお》っても、彼女は頑として顔を向けようとしません。

私はクリトリスを指先でピンピン弾き、はたまたこね回し、いちばんの性感帯に強い刺激を与えました。

「はっ、はっ、はっ」

強大な快感が襲いかかったのか、彼女は息を弾ませ、ソファからずり落ちそうな体を両手で支えました。

「気持ちいいんでしょ？」

「はあはあ、はあっ」

「正直に言ってごらんなさい」

「い、いやっ」

「いや？　じゃ、やめちゃってもいいんですか？」

「……いやっ」

「どっちなんですか」

指腹を押し当ててクリクリと回転させると、熟女はようやく股間に視線を向け、小さな口を半開きにして、湿った吐息をこぼしました。

あのうるわしきセレブがいま、目の前で大股開きをし、大量の愛液を垂れ流しているのです。あまりの昂奮からペニスは痛みが走るほど硬直し、パンツの裏地は大量の先走りでヌルヌルの状態でした。

「いやらしい匂いが、プンプンしてきますよ」

「か、嗅いじゃ……だめです」

「だめなんですか？　じゃ、また舐めましょうか」

「はあっ、いやっ」

彼女の発する言葉の一つひとつが愛らしく、全身の細胞が歓喜の渦に巻きこまれたようでした。

ふだんからかわいくて、とても年上には見えず、反応もまるでバージンを捨てるときの女性みたいで、新鮮なシチュエーションに昂奮は高まるばかりでした。

「聞こえます？　この音」

指先を上下にスライドさせると、にっちゃにっちゃと、いやらしい音が響き渡りました。この音は彼女に凄まじい羞恥心を与えたらしく、目元はねっとり紅潮し、あだっぽい息継ぎが何度も繰り返されました。

「ほうら、ここですね？　ここが、気持ちいいんですね」

またもやクリトリスに狙いを定め、今度は二本の指先を猛烈なスピードでスライドさせました。

「ン、ふっ！」

愛液が無尽蔵に溢れ出し、淫らな水音が高らかに鳴り響きました。

麻里子さんは苦しげに顔をゆがめ、背筋を目いっぱい反らし、エクスタシーへの階段を駆けのぼっていったんです。

先ほどとは違い、ヒップを大きくふるわせ、誰の目から見てもオルガスムスに達したとわかるイキっぷりでした。

ここまで来ると、私も我慢の限界を迎え、気持ちは結合一色に染まっていました。

その前に、貴婦人はどんなフェラチオをするのか？　好奇心に衝き動かされた私はすっくと立ち上がるや、パンツをおろし、コチコチに反り返ったペニスをさらけ出したんです。

麻里子さんはソファに横たわる体勢で、絶頂の余韻にひたっていました。

「奥さん、ずるいですよ。自分ばかり気持ちよくなって。今度は、私も気持ちよくさせてくださいよ」

ソファに片膝をつき、牡の肉を突き出せば、彼女は目をうっすら開け、ぼんやりした視線を股間の中心に向けました。

あのときの美熟女の表情は、死ぬまで忘れることはないと思います。目をみるみる開き、口を両手でおおい隠したのですから、逆にこちらが怪訝《けげん》な顔をするばかりでした。

「しゃぶってくださいよ」

再び懇願しても、彼女は惚《ほう》けたままで、行動に移す素振りは見せませんでした。

「ひょっとして、フェラチオ……したことないんですか？」

首を小さく振る様子を目にしたとき、私はあっけに取られると同時に、うれしさが込み上げました。

旦那さんとは一度だけ顔を合わせていたのですが、メガネをかけた優男で、いかにもまじめで堅物といった印象を受けました。

おそらく夫のペニスは極小サイズで、これまで子どもじみたセックスの経験しかなかったのだと思います。

麻里子さんの反応から察するに、男性経験も旦那さん一人のはずで、私は美熟女を自分色に染められるのではないかという期待感に奮い立ちました。

「わかりました。じゃ、こうしましょう。お互いに舐め合えば、顔が見えないし、恥ずかしくないですよね？」

「あ、あの……どういうことですか」

「こうするんです」

「あ、そ、そんな……」

ふくよかな体を無理やり起こし、ソファに寝そべるや、麻里子さんの足を私の顔に跨《また》がせたんです。シックスナインの知識がなかったのか、彼女は甲高い声を放ちながらヒップを振りたてました。

「こうやって、互いの性器を舐め合うんです。オーラルセックスと言いまして、夫婦ならみんなやってることですよ」

「ン、ふっ」

ヌルヌルの恥裂を指でなでつけると、腰の動きが止まり、とろみの強い愛液がツツッと滴《したた》りました。

私はまるまると張りつめた尻肉を割り開き、開花した女の肉芯にむさぼりついては頬をすぼめて勢いよく吸引したんです。

「……ひっ」

顔を左右に振り、わざとらしく派手な音を立て、すっかりしこり勃《た》った肉豆をチューチューと吸いたてました。

牝の本能の成せる業《わざ》か、麻里子さんは裏返った声をあげたあと、ペニスにかぶりつき、裏茎からカリ首まで、ていねいに舐めてくれました。

テクニックとしては稚拙《ちせつ》なものでしたが、それがまた新鮮な刺激を与え、ペニスが萎《な》える気配は少しもありませんでした。

そのうち亀頭を口の中に含み、ぐっぽぐっぽとしゃぶってくれたのですから、私としては十分な満足感を得られました。

「ンっ、ンっ、ンっ!」

クリトリスを強烈に吸うたびに彼女の吸引力も高まり、いよいよ我慢の限界を迎えました。私は身を起こしざま、彼女のワンピースを頭から抜き取ると、背後からブラジャーのホックをはずしました。

「あ、何を……」

「何をって、決まってるでしょ。おマ○コするんですよ」

「やっ!」

女性器の俗称を口にした瞬間、麻里子さんは頬に両手をあてがい、恥ずかしげに身をくねらせました。

どこまで温室育ちなのか。嬉々とした私は後ろから乳房をもみしだき、人差し指で乳頭をねちっこくいじりました。

「ンッ、ふぅうっ！」

熟女だけに性感だけは発達しているようで、身をビクンと反らし、昂奮した私は彼女の唇を奪い、唾液をじゅっぽじゅっぽとすすりました。

舌を搦《から》め捕って吸いたてれば、腰がひくつき、鼻から途切れとぎれの喘ぎが延々と放たれました。そしてころあいを見はかり、彼女を振り向かせてから再びソファにあおむけに寝転んだんです。

「腰を跨《また》いで」

「はあはあ……え？」

「私の腰を跨ぐんです。さあ、早く」

彼女は眉尻を下げ、肉づきのいい足を言われるがまま開きました。

「そのまま、チ○ポをおマ○コの中に入れるんです」

「そ、そんな……」

「騎乗位、したことあるでしょ？」

「……騎乗位？」

「え……ホントに知らないんですか？」

麻里子さんの様子を見た限りでは、正常位以外の体位は経験していなかったのかもしれません。まったく驚くやあきれるわで、私は苦笑すると、手取り足取りして腰を跨せました。

「そう、チ○ポを立たせて」

「ああ、こんなこと……」

「すぐに、気持ちよくなりますよ」

「く、くうっ」

亀頭の先端が割れ目にあてがわれると、熟女は眉間にしわを寄せました。

子どもを生んでいるにもかかわらず、膣口は狭く、カリ首が引っかかってなかなか通過しませんでした。もしかすると、極度の昂奮からペニスが限界を超えて膨張していたのかもしれません。

「ン、はあぁぁぁっ」

ヒップが沈みこむと、ペニスが勢い余ってズブズブと埋めこまれ、私はまったりした柔らかい肉襞の感触に酔いしれました。

「あ、あ……きついわ」

「最初だけですよ。自分が気持ちがいいと思う方向に動いてみてください」

「わ、私が動くんですか？」

「そうですよ。さ、やってみて」

麻里子さんは指示どおり、ヒップをかすかに動かし、やがて性感ポイントを見つけたのか、恥骨を前後にスライドさせはじめました。

「ほほう、クリトリスが下腹にこすれて気持ちいいんですね？」

「あっ、やっ、やっ」

ぎこちないヒップの動きがやがて軽やかになり、ペニスがこなれた膣肉にもみくちゃにされました。

排出願望の赴《おもむ》くまま、私は下から腰をガンガン突き上げたんです。

「あっ……や、あぁぁぁぁっ！」

麻里子さんはトランポリンをしているかのように身を弾ませ、空気がビリビリ震えるかと思うほどの嬌声を張りあげました。

「いや、いやっ、だめっ！」

「だめ、じゃなくて、気持ちいい、でしょ？」

「い、ひっ！」

マシンガンピストンから怒濤《どとう》の連打を繰り返すと、熟女は全身をビクビクとひきつらせ、恍惚《こうこつ》の表情で高みに昇りつめていったんです。

「あ、あ、だめ、だめ……ひっ、くふっ！」

私はあわててペニスを引き抜き、間一髪で膣外射精したのですが、まさに身も心もとろけるような気持ちよさでした。

これから初心《うぶ》なセレブ妻を自分色に染めてやるという野望は抱いたものの、私の夢はあっさり打ち砕かれました。その後はほかの調律師を頼んだらしく、私にお呼びがかかることは二度となかったんです。

誘いをかければ、関係を続けられたのかもしれませんが、私にも妻子がおり、リスクを考えると、残念ですがあきらめるしかありませんでした。

思い出しても、ほんとうに夢のような出来事です。

妻の姉のふくよかなカラダに魅せられて屹立した極硬ペニスを膣中へ突き刺し！

来栖淳也　会社員・三十四歳

三つ年下の妻が、自宅から車で一時間ほど離れた実家に、里帰り出産していたときの話です。

私はバイク通勤をしているのですが、不運なことにスリップ事故を起こしてしまい、右手を骨折してしまったことから自宅で静養していました。

その話を妻から聞きつけた、近所に住む義姉の恵美《えみ》さんが不自由だろうと、身の回りの世話をしにきてくれたんです。恵美さんは四十二歳の専業主婦で、旦那さんは単身赴任中。子どもも中学生と手がかからないため、暇を持て余していたようです。

たいへんありがたかったのですが、毎日来られると、逆に気をつかってしまうんです。そのため、もう大丈夫だと何度も断ったのですが、気さくな人柄の彼女は意に介しませんでした。

でも、ほんとうは、ふくよかな体にムラムラが抑えられなかったというほうが大きな理由だったんです。長い間セックスはしていないし、右手の骨折でオナニーはできないし、欲望は頂点に達していたのでした。

一週間がたって、手の痛みが引いたころ、お酒を飲んでいたのを注意され、私は思わず反論しました。

「酒ぐらい、いいでしょ」

「ダメよ。まだ安静にしてないと」

「義姉《ねえ》さんの体がエロすぎて限界なんです。こっちはオナニーもできなくて溜まりに溜まっちゃってんだから、酒でも飲んでごまかさないと、やってられないんですよ」

けっこう酔っ払っていたということもあり、私はつい本音を口走ってしまいました。

すると恵美さんは頬を赤らめました。その様子がかわいくて、私は股間がズキンと疼いてしまったんです。私はさらに卑猥なことを口走ってしまいました。

「義姉さん、抜いてくれませんか？」

「えっ？　何、言ってるのよ。そんなこと……」

はっきり拒絶しなかったことで牡の本能が目覚めたというか、これはイケると調子に乗ってしまい、私は恵美さんを抱き締めました。

「何するのっ」

恵美さんは体をねじるようにして、私の腕から逃れようとしました。でも、私は逃がしません。ケガをしていない左手のほうで、恵美さんのお尻をギュッとつかんだんです。

「あぁん……」

恵美さんの口から悩ましい声がこぼれました。その恵美さんの口を、私は自分の唇で塞《ふさ》ぎました。そして、舌を絡めながら、さらにお尻をもんだり、なでたりしてあげたんです。

最初は抵抗していた恵美さんでしたが、すぐに体の力が抜けていき、私の胸にしなだれかかってきました。

「義姉さん、いいんですね？」

唇を離し、鼻が触れ合うほど近くから見つめながら、私はそうたずねました。すると恵美さんは頬を赤らめながら、潤《うる》んだ瞳で言うんです。

「このことは誰にも秘密よ。妹にも、夫にも……」

「わかってますよ。俺だって家庭を壊したくはないし、義姉さんにも迷惑はかけたくないですから。ただ、いまはこの昂《たかぶ》りをなんとかしないと、頭がおかしくなってしまいそうなんです」

そう言って、私は恵美さんの手を自分の股間へと導きました。

「まあっ……すごく硬くなってるわ。はあぁぁん……」

ズボンの上から私の股間をさわり、恵美さんはため息を洩らしました。その様子はすごく切なそうなんです。旦那さんが単身赴任中のため、恵美さんもかなりの欲求不満状態だったようです。それなら、旦那さんのぶんまで、たっぷり気持ちよくしてあげようという気になってしまいました。

私は恵美さんのお尻を、もんだりなで回したりしつづけました。負けじと恵美さんも、私の股間をズボンの上からなで回しつづけます。それだと、私のほうが断然、分が悪いんです。狭いブリーフの中は窮屈すぎて、ペニスが悲鳴をあげてしまいます。

「うう……義姉さん……直接……直接さわってください」

私が鼻息を荒くしながら言うと、恵美さんは潤んだ瞳でうなずきました。

「いいわよ。さわるだけじゃなくて、もっといろんなこと、してあげるわ」

ぺろりと唇を舐め回し、恵美さんは私の前に膝立ちになりました。そして私の腰のベルトをはずしてジッパーをおろし、ズボンとブリーフをいっしょに脱がせたんです。

その瞬間、私のペニスが勢いよく飛び出しました。

「はあぁっ……す……すごいわ……」

恵美さんは目の前にそそり立つペニスを見て、目を輝かせました。

私のペニスはまっすぐ天井を向いて、隆々とそそり立っているんです。それは自分でも驚くほどの力強さでした。

「義姉さんがエロいから、こんなに元気になっちゃってるんですよ」

「あああん、私のせいなのね。それなら……」

そう言うと恵美さんはペニスを右手でそっとつかみました。ひんやりした指の感触が気持ちよくて、私の口からうめき声が洩れてしまいました。

「うう……義姉さん、気持ちいいです」

「うふっ……まだなんにもしてないわ。気持ちよくなるのはこれからよ」

淫靡な笑みを浮かべると、恵美さんはペニスを握り締めた手を上下に動かしはじめました。しかも、亀頭部分の余った皮を使って、カリのあたりを上下にこするというテクニシャンぶりです。

「ああっ……義姉さん。そこ……気持ちいいです」

私は両手を体の後ろに回し、恵美さんに向かって股間を突き出しつづけました。

「そうなんだぁ……ここが気持ちいいのね？」

そう言って皮を完全に剝いてしまうと、恵美さんはペニスに顔を近づけてきて、カリ首のあたりを舌先で、くすぐるように舐めはじめました。

チロチロと舐める舌の動きに合わせて、ペニスがピクンピクンと亀頭を前後に振ります。その様子を見た恵美さんは、鼻先で猫じゃらしを振られた猫のように興味津々といったふうに亀頭を見つめ、それをパクッと口に咥えてしまいました。

次の瞬間、恵美さんの口の中の温かな粘膜が、私のペニスをねっとりと締めつけてきました。

「ううっ……義姉さん。気持ちいいです……」

私は体の後ろに回した手をギュッと握り締めました。そんな私の顔を上目づかいに見つめながら、恵美さんは首を前後に動かしはじめました。

肉体的な快感もかなりのものでしたが、以前からずっと好意を寄せていた恵美さんが、私のペニスを口に咥えているという光景がいやらしすぎて、精神的な快感が襲ってくるんです。

そんな私をさらに挑発するように、恵美さんはジュルジュルと唾液をすするような音を立てながら、首を前後に動かしつづけました。その動きが徐々に激しくなっていくんです。

「あっ……ううう……義姉さん。そんなにされたら俺もう……」

このままだと、いきなり射精してしまいそうです。二十代ならいざ知らず、もう三十代半ばなので、一発一発を大切にしなければいけません。

「だ、ダメです、恵美さん！」

私はあわてて腰を引きました。恵美さんの口からずるりとペニスが抜け出て、唾液をまき散らしながら勢いよく頭を跳ね上げました。

「はあぁん、どうして止めさせるの？」

恵美さんは潤んだ瞳を私に向けながら、口の周りのよだれを手の甲でぬぐいました。その様子もいやらしすぎます。

「義姉さんにばかり奉仕させたら悪いから、今度は俺が義姉さんを気持ちよくしてあげますよ。さあベッドへ行きましょう」

そうごまかすと、私は恵美さんを抱え起こして、そそり立つペニスを左右に揺らしながら寝室へ移動しました。そこにはセミダブルのベッドが置いてあります。当然、そこは妻といつもセックスしていた場所です。いま、妻のお腹の中にいる赤ちゃんも、ここで仕込んだのです。

そんな場所で妻の姉を抱くことに罪の意識はあるのですが、禁断の思いがよけいに私を興奮させるんです。恵美さんも同じようでした。「ここはダメよ」と言いながらも、私がポンと胸を押すと、骨を抜かれたようにベッドにふにゃりと倒れ込んでしまいました。

私はシャツを脱ぎ捨てて全裸になり、恵美さんに言いました。

「さあ、義姉さんも裸になって、そのエロい体をよく見せてください」

ほんとうなら私が脱がしてあげたかったのですが、右手が使えないので、あえて恵美さんに自分で脱いでもらうことにしたのです。

「いいわ。見せてあげる」

恵美さんは豊満な体つきで、自分でも自信があるのでしょう。ふだんから胸の形がよくわかる服を好んで着ていました。

ベッドの上に体を起こした恵美さんはブラウスのボタンをはずしていき、それをはらりと脱ぎました。そこにはピンク色のブラジャーに包み込まれた、やわらかそうなふくらみが存在を誇示しています。

そして恵美さんは両手を後ろに回してホックをはずしました。同時にカップが勢いよく弾き飛ばされ、剝き出しになった乳房が、ぷるるんと重たげに揺れるんです。

私は思わず喉を鳴らして唾液を飲み込んでいました。いままでずっと想像していた恵美さんの巨乳が目の前にあるんです。私はほとんど無意識のうちに左手を伸ばして、そのふくらみを、むにゅっとつかんでいました。

「あぁぁぁん……」

恵美さんは悩ましげな声を洩らしましたが、私のために胸を突き出してくれています。だから私はそのやわらかさを味わうように、いっぱいもみしだいてあげました。

それは最高のさわり心地です。妻もオッパイは大きいほうでしたが、恵美さんのほうがさらに大きく、しかもすごくやわらかいんです。まさにスライムオッパイという感じです。

いつまでもさわっていたい思いになるのですが、利き手が使えないのはやはり不便です。乳房は二つあるのに、左手だけでもんだり乳首をつまんだりするのは、なかなかうまくできなくてストレスが溜まるんです。

そこで私はすぐに恵美さんに言いました。

「さあ、今度はあそこを舐めてあげますよ。股を開いてください」

「えっ……そんな……あらたまって言われると恥ずかしいわ」

恵美さんは色白の肌を、ポッと赤くほてらせました。

「いいじゃないですか。さっきいっぱいフェラをしてもらったお返しをしたいんです」

「わかったわ。しょうがないわね。だけど、これ、ほんとうに恥ずかしいのよ」

　恵美さんはしぶしぶベッドにあおむけになり、自ら両膝を抱え込んでくれました。

「ああ、すごい……」

　剝き出しになった恵美さんのオマ〇コは、エッチな液体にまみれてヌラヌラ光ってるんです。しかも若干肥大気味の小陰唇が、いかにも熟女という感じです。さらには膣口がヒクヒクうごめき、そこに朝露のように愛液が溜まっているのでした。

　私は迷わず恵美さんのオマ〇コに口づけして、愛液をズズと音を鳴らして、すすってやりました。

「いやぁん、そんな音を鳴らさないでぇ。ああぁん、恥ずかしい……」

　恵美さんは体をくねらせながら悩ましく喘ぎ声をあげましたが、その手はしっかりと両膝を抱えたままです。それはもっとしてくれということです。私は膣口に吸いつくようにして愛液をさらにすすり、そのまま割れ目をベロベロと舐め回しました。

「ああぁん……はああぁん……」

　恵美さんは腰をヒクヒクさせながら喘ぎつづけます。その喘ぎ声が徐々に物足りなさそうに変わってきたとき、満を持して私はクリトリスに吸いつきました。

「あっはあああん！」

それまでとは明らかに違う反応を示し、恵美さんは感電したように、体をビクンとふるわせました。

その反応に気をよくした私は、乳飲み子が母乳を飲むときのようにクリトリスを吸い、舌でくすぐるように舐め回し、さらには前歯で甘嚙みしてあげました。

「あっはあああん……ダメ、ダメ、ダメ……」

恵美さんはすでに両膝を抱えていることもできないようで、太ももで私の頭を強く挟みながら身悶《みもだ》えしているんです。それでも私は恵美さんの陰部に顔を埋《うず》めたまま、クリトリスを責めつづけてあげました。

「ああっ！　いやっ！　イクイクイク……あああっ、イッちゃう！　はああん！」

そう絶叫した瞬間、恵美さんは全身を硬くこわばらせました。そして、ぐったりと体を弛緩《しかん》させたのでした。

「イッたんですか？」

マン汁にまみれた顔で、私は恵美さんに問いかけました。

「はあぁ……気持ちよかったわ。だけど、あそこの奥がすっごくもどかしいの」

「あそこの奥ですか？」

私は体を起こし、下腹部で硬くそそり立っているペニスを左手で握り締めました。

ドクンドクンと熱い血脈を感じるほどに、力をみなぎらせているんです。

妻の妊娠がわかってからはセックスはしていませんでしたので、温かく濡れた膣粘膜の感触を思い出しただけで、もうペニスがはち切れそうになってしまうんです。

しかも目の前には、マン汁と唾液にまみれた恵美さんのオマ○コが……。

「これを入れてほしいんですね？」

さらにエネルギーを充填《じゅうてん》するように左手でしごきながら、私はたずねました。

恵美さんはまぶしそうに目を細めながらペニスを見つめ、切なげな声で答えました。

「そうよ……それを入れてほしいの」

「これをどこに、入れてほしいんですか？」

私の問いかけに、恵美さんは悲しげにかぶりを振りました。

「ああん、意地悪……オマ○コよ。オマ○コに入れてほしいの」

ずっと思いを寄せていた恵美さんにそこまで言わせて、私はもう焦らすことはできません。

「わかりました。じゃあ、さっきのように股を開いてください」

「はあぁぁん……こう？　これでいい？」

恵美さんは両膝を抱え込みました。

突き出された陰部は唾液とマン汁にまみれていて、充血した二枚の肉びらがまるでナメクジのようにうごめき、その間にはぽっかりと膣口が開いて、私を待ちわびているんです。

「ああ、なんてエロい眺めなんだろう！」

私は反り返るペニスを左手でつかみ、その先端を恵美さんの膣口に押しつけました。クプッと音が鳴り、亀頭が半分ほど埋まりました。そこは温かくてヌルヌルしていて、それだけでも、とっても気持ちいいんです。

だけど、もっと気持ちよくなりたいという思いに背中を押されて、私はペニスをねじ込もうとしました。

「ううっ……狭い。義姉さんのオマ○コ……すごく狭いですよ」

恵美さんの膣道はかなり狭くて、なかなか入っていきません。四十代の主婦のオマ○コとは思えません。

「あぁぁあん……淳也《あつや》さんのオチ○チンが大きすぎるのよ。あぁぁぁん……」

私は腰を押しつける力を強めたり弱めたりしながら、少しずつペニスを押し込んでいきました。そして、亀頭が完全に埋まったあたりで、それまでの抵抗が嘘のように弱まり、ペニスがぬるりと奥まですべり込んだんです。

「あああん！」

両膝を抱えていることもできなくなり、恵美さんは体をのけぞらせて、いやらしい声をあげました。

「ああっ！　入った……」

しっかりと根元まで挿入してしまうと、私は腰の動きを止めて、大きく息を吐きました。豊満熟女の恵美さんのオマ○コに、自分のペニスが突き刺さっているのだと思うと、猛烈に感動してしまいました。

「ああぁ～ん！　奥まで当たってるぅ……はああん……」

恵美さんが潤んだ瞳で、下から見上げながらそう言うと同時に、膣壁がヌルヌルとうごめきながらペニスをきつく締めつけてきました。それは私がいままでに経験したことがないぐらいの強さでした。

「えっ？　す……すごい！」

思わず私が驚きの声をあげると、恵美さんは恥ずかしそうに微笑んでみせました。

「どう？　私のここ、気持ちいいでしょ？　若いころに練習してみたことがあって、みんな驚くのよ」

そう言うと、キュッ、キュッと膣壁を締めてみせるんです。いつも柔和《にゅうわ》な笑顔で接してくれる恵美さんに、こんな特技があったということに、私は猛烈に興奮してしまいました。

「うう……義姉さんのオマ○コは名器ですね。ああ、たまらないです」

断続的に締めつけられる快感に刺激され、私の腰がひとりでに動きはじめてしまいました。最初は小刻みだった動きを徐々に大きくしていき、完全に抜けきる手前から一気に奥まで押し込み、またギリギリ抜ける寸前まで引き抜いていきました。

そしてその動きが、徐々に速くなっていきました。二人の体がぶつかり合い、パンパンと拍手のような音が鳴り響きます。その音に、恵美さんの喘ぎ声が重なるんです。

「あん！　はああん！　あっはああん！」

淫らな声が出るたびに、恵美さんのオマ○コが、ペニスを引きちぎらんばかりにきつく締めつけるんです。その声が聞きたくて、その締めつけを味わいたくて、私は激しく恵美さんの膣奥を突き上げつづけました。

「あああん！　ダメ……もうダメよ！　はああん！　いや！　あああん……イッちゃう！　ああん……またイッちゃう！」

恵美さんが絶叫しながら両手で私を押しのけ、その拍子にヌルンとペニスが抜け出てしまいました。

「義姉さん、イッちゃったんですか？」

「そ……そうよ。はあぁ……気持ちよすぎて、イッちゃったの」

恵美さんは胎児のように体を丸めて、荒い呼吸を繰り返しながら言いました。

私の位置からだと、大きなお尻と、饅頭《まんじゅう》を二個グイッと押しつけたようになってい
る肉丘が丸見えです。その眺めに、私のペニスはまるで武者震いでもするように、細
かく震えてしまうんです。

「俺はまだイッてないんですよ。さあ、義姉さん、今度はバックからハメてあげます
から、お尻を突き上げてくださいよ」

私は恵美さんの腰をつかんで引っぱり上げ、四つん這いのポーズをとらせました。

恵美さんはイッたばかりで体に力が入らないのか、されるがままです。背中を上から
手で押すと腰が反り返り、お尻を突き上げるいやらしいポーズになりました。

「はあぁ……この格好、恥ずかしいぃ」

「恥ずかしい格好ですね。なにしろ、オマ〇コとお尻の穴が丸見えなんですから」

「あああん、いや……そんなこと言わないで」

ほんとうに恥ずかしいのでしょう。お尻の穴がヒクヒクしているんです。それを見

た私は、もう頭の中が真っ白になるほど興奮してしまいました。

「ううっ……もう入れますよ」

私は反り返るペニスをつかんで頭を下げさせ、亀頭を恵美さんのぬかるみに押し当てました。すると、まるでイソギンチャクが獲物を補食するように、私のペニスは恵美さんの膣の中に呑み込まれていったんです。

そして、ズンと膣奥に亀頭が当たりました。

「はぁぁん！」

恵美さんが頭を跳ね上げ、まるで馬のたてがみのように長い髪をなびかせました。恵美さんが馬なら、私は騎手です。恵美さんのお尻を平手でパンパン叩きながら、激しくペニスを突き上げつづけました。

「ああ、いやっ……すごい……はあああっ……」

「義姉さんの中……気持ちいい……気持ちいいよ！」

お尻の穴がヒクヒクするのを見ながらペニスを抜き差しするのは、ものすごく興奮してしまいます。同じように、恵美さんも興奮しているようでした。私のペニスはすぐに濃厚な本気汁にまみれて、真っ白になってしまいました。

「義姉さんのマン汁、すごく濃くなってきましたよ。それだけ感じてるってことですよね？」

「はぁぁっ……いや……恥ずかしい。あぁっ……気持ちいい……はあん！」

もう何を言っているのか、自分でもわかっていないようです。うわごとのように「恥ずかしい」「気持ちいい」とつぶやきつづける恵美さんの呼吸が、にわかに荒くなってきました。

「あっ、ダメ……ダメ。ダメよ……はあああんっ！」

そう叫んだ瞬間、恵美さんは布団の上に崩れ落ちてしまい、また私のペニスは勢いよく頭を跳ね上げて、下腹に当たってパンッと大きな音を鳴らすのでした。

そして、そのペニスは下腹に張りついたまま、ピクピクと細かく痙攣しつづけています。力がみなぎりすぎていて、もうあとほんの少しの刺激で爆発してしまいそうです。

「じゃあ、義姉さん。俺も、もうそろそろ……いいでしょ？」

最後は正常位で恵美さんの顔を見ながら射精したいと思ったので、私は足首をつかんでひっくり返しました。汗まみれになった豊満な乳房をゆさりと重たげに揺らしながら、恵美さんはあおむけになりました。

もう放心状態で、だらしなく股を開いている様子がたまりません。そのぬかるみに、私はペニスを突き刺しました。

「はあああん……」

ヌルヌルにとろけた膣粘膜が私のペニスにまとわりつき、きつく締めつけてきます。しかも、目の前には恵美さんのほてった顔があるんです。それは妻とするセックスとは比べものにならないぐらい私を興奮させ、強烈な快感を与えてくれました。

「ああん、いい……気持ちいい。はああん……あああん！」

私がペニスを抜き差しする動きに合わせて、恵美さんの口からうわごとのように喘ぎ声がこぼれ出ます。

「俺も気持ちいいです！　ああ、最高に気持ちいいです。ううう……義姉さん、お、俺、もう出そうです」

「ああぁん、中に……中に出してもいいわよ」

「え？　中に？」

恵美さんの言葉を聞いて、私は思わず腰の動きを止めてしまいました。

「止めないで！　今日は大丈夫な日だから。あああん、ちょうだい。中に……オマ○コの中に出して～！」

またキュ～ッと膣壁がきつく締まります。その締めつけで私は我に返り、再び腰を振りはじめました。ものすごく狭い膣道をペニスで数回こすると、私はあっさりと限界を超えてしまいました。

「あうう……出るっ！　あうう！」

力いっぱい膣奥を突き上げたまま、私は腰の動きを止めました。その直後、ペニスがビクンと脈動し、恵美さんの子宮目がけて大量の精液が迸《ほとばし》りました。

その熱い精液を膣奥に感じ、恵美さんも絶頂に昇りつめました。

「ああん……私もイクッ！　あっはあああん！」

そして、私たちは体を重ね合ったまま、しばらく余韻にひたっていたんです。

だけど、酔いが覚めると、私はさすがにとんでもないことをしてしまったという気持ちになってきました。なにしろ、相手は妻の姉なのですから。

恵美さんも同様だったのか、次の日から私の家に顔を出さなくなりました。

妻が子どもを連れて帰ってきてからは何度か会いましたが、互いに何事もなかった顔をしています。でも私は、恵美さんの顔を見るたびに、下腹部が熱く疼いてしまうんです。後悔はあるものの、本音ではもう一度、恵美さんとしたくてたまらないんです。

これは二カ月ほど前に、私が温泉旅行に行ったときの話です。

顔ぶれは、商店街で作っている商工会の役員たちでした。商工会に加盟している店は四十軒ほどあるのですが、そのなかに三軒だけ、役員をやっている店があり、商店街の夏祭りや年末セールをやるときには、中心になって動きます。その役員の夫婦三組で、慰安旅行がてら近場の温泉で骨休めしようということになったのです。

私も含めて全員四十歳代の働き盛《ざか》りですが、商店街を盛り上げるために、みんなで力を合わせて一所懸命やってます。

ふだんは会合で集まることが多く、そのあとに軽く飲んだりするので、お互いに気心は知れています。そんな仲間同士で温泉旅行に行けば、楽しくないはずがありません。私も珍しく、前日はわくわくしていました。

じつは、私が楽しみにしていた理由は、ほかにもあります。役員六人のなかに、私の小学校時代の同級生がいるのです。

三組の夫婦のなかで、地元で生まれ育ったのは私とその彼女だけで、ほかの四人はみんなよそから来た人たちです。といっても、彼女は中学からは遠くの私立に進学したので、地元の学校に進んだ私とは、小学校卒業以来ほとんど会っていませんでした。それで、数年前に商工会の役員会で再会したとき、お互いにびっくりしたものです。

でもそれ以来、たまになつかしい昔話などをして盛り上がる仲になりました。彼女の名前は佐々木若菜《ささきわかな》さんというのですが、旧姓はもちろん違います。二人で話すときは、つい旧姓で呼ぶこともあり、お互いに笑ってしまいます。

小学校時代の若菜さんは優等生で、クラス委員もやっていました。世話好きで積極的で、いつもリーダー的な存在でした。それはいまも同じで、商工会の役員のなかでいちばん活発に動いてくれます。うちの商店街がうまく回っているのは、若菜さんのおかげだといってもいいくらいです。

「いまさら若菜さんと温泉旅行なんて、なんか恥ずかしいなあ」

そう本音を言うと、彼女のほうも苦笑いしてました。

「だよね、子どものころには思ってもみなかったね」

そうやって笑っているときは、まさかあんなことになるなんて、想像もしていませんでした。ほんとうに人の縁というのは、不思議なものです。

しばらくあちこち観光して、宿に到着して食事を終えたら、みんなで露天風呂に入ることになりました。みんなでといっても、もちろん男湯と女湯は別々です。

それでも、私はちょっと胸が高鳴りました。

小学校時代の同級生、いわば幼なじみと風呂に入る。考えてみれば、あまりできない経験です。しかもその日は、みんなで観光している間も食事のときも、なんとなく若菜さんとばかりしゃべっていました。ふだんなかなか二人きりでゆっくり話す機会もないので、自然と二人で行動することが多くなったのです。

周りの四人も、私たちが小学校時代のクラスメイトだと知っているので、変に詮索《せんさく》するようなこともありません。

でもそのせいで、その日の私は、なんとなく若菜さんを一人の女性として見ていたのだと思います。それもあって、壁一枚隔てた向こうで、若菜さんが全裸になって温泉に入っていると思うと、なんだかへんに昂《たかぶ》ってしまいました。

ひそかに、小学校時代の水泳の時間に見た、若菜さんのスクール水着姿を思い出したりもしました。子どものころの若菜さんは痩せっぽちで、水着の胸はぺたんこだった記憶があります。

　でもいまの若菜さんは、むしろふっくらしています。バストもお尻もたっぷりしていて、かなりそそられるグラマーな体型です。ふだんでも彼女が動き回っているときに、つい豊かな胸やお尻に見とれることがあるくらいです。

　子どものころのスクール水着の彼女と、壁の向こうで全裸になっている彼女の肉体が重なると、私の頭の中は淫らな妄想でいっぱいになってしまいます。

　だから、すぐ近くでその裸体をさらしてお湯に入ってる彼女を思い浮かべると、つい下半身が反応しそうになりました。もちろん、そんな恥ずかしい姿をさらすわけにはいかないので、男同士で必死で世間話をして気持ちをごまかしました。

　すると、壁一枚へだてて男女でしゃべっているうちに、私の家内がわざとらしく、若菜さんのおっぱい大きくてきれいねえ、なんて言い出したものですから、私もとうとう我慢できなくなりました。

　若菜さんの旦那さんの目を見るのが、なんだか申し訳ない気持ちになったので、先に風呂を出て部屋に戻ったのです。

　気がつくと、浴衣の下では男性自身が力強く上を向いていました。若菜さんの裸体を想像して、そうなってしまった自分に照れ臭くなりました。

するとしばらくして、だれかが部屋に入ってきました。それは若菜さんでした。

「どうしたの？」

「うん、なんか、お湯につかりすぎちゃってボーッとしちゃった」

若菜さんはそう言いながら、浴衣姿で私の目の前に腰をおろしました。

「私、熱いお湯、苦手なのよ。いつもぬるめのお風呂に入ってるから」

そんな他愛もない話をしながらも、私は、ついつい若菜さんの体が気になって仕方ありませんでした。

もちろんブラジャーはつけてると思いましたが、浴衣の胸元からは大きな乳房の谷間が見えていて、そこに汗の粒が浮いていました。小学校時代のスクール水着の平べったい胸が重なり、卑猥な妄想が浮かんで仕方ありません。

「ほんとうは熱いお湯のほうが、ダイエットにはいいんだけどね」

「若菜さん、ダイエットしてるんだ」

「もちろん。この年になると、何もしなくても勝手に太るからね」

「でも、健康的でいいと思うよ」

「ほんと？　でも小学校時代の私と比べて、ずいぶん変わったでしょ？」

「そうだね、あのころの若菜さんはガリガリだったもんね」

他愛もない会話ですが、私が思っていることを見透かされたみたいで、ちょっとうしろめたい気がしました。それで私は、なるべくへんな妄想をしなくてもいいように、話題を商店街のことや、お互いの夫婦関係のことなどにもっていこうとしました。

でも、どうもうまくいきません。気がつけば、なんだか妙にお互いを男女として意識していました。話しているうちに若菜さんの浴衣の胸元が広がって、ますます乳房の谷間が露《あらわ》になってくるのも気になりました。

私は浴衣の前が盛り上がっているのを、必死で隠していました。

すると、それを見透かしたように若菜さんが言いました。

「なんか、へんな気分になっちゃうね。お互いの子どものころといまと、どう変わったんだろうなんて、つい思っちゃう。私ね、小学校のとき、深見《ふかみ》君のこと、ちょっといいなって思ってたんだよ。知ってた？」

「ほんと？　全然知らなかった。相手にもされてないと思ってた」

「そんなことないって。深見君、けっこうモテてたし」

そんなことを言われて、私はますますあそこが力強く勃起するのを感じました。

ほんとうは、ほかの人たちが風呂から上がってくるのではないかと、気が気でなかったのですが、そんな意識も少しずつ薄れていきました。

「この状況でそんなこと言われたら、もう我慢できなくなっちゃうよ」

気がついたら、若菜さんの顔がすぐ目の前にありました。薄く開いた唇から、ピンクの舌が見えています。そんなときに我慢できる男などいるでしょうか。私はあっけなく欲望に負けてしまいました。そして、若菜さんの唇を奪っていたのです。

抵抗されるかと思いましたが、若菜さんも激しくキスしてきました。いま思い返せば信じられないのですが、そのときはもう夢中でお互いの体を抱き締めていました。

「若菜さん、ごめん。年がいもなく我慢できなくなった」

「私も。子どものころの深見君の姿といまの姿がダブっちゃって、ヘンな気分」

浴衣というのは生地が薄いから、若菜さんの体の肉感がはっきりと伝わってきます。久しぶりに私は激しい性欲を感じていました。若菜さんも同じ気持ちだというのが、はっきり伝わってきました。どうにかしたい、いまを逃したら、もう二度とこんな機会はないと思いました。

「ここじゃまずいよね」

そう言って私は若菜さんの手を引いて、部屋を出ました。まるで教室を抜け出す学生のような気分でした。旅館の中をあちこち歩き回ると、小さな三畳ほどの部屋を見つけました。予備の布団をしまっておく場所のようでした。空き教室にでも忍び込むような気分で二人でそこに入ると、あらためて抱き合いキスしました。キスだけで、もう痛いくらいに勃起していました。

「深見君の、すごいね。私の下半身にズンズン当たってくる」

そう言って若奈さんの手が浴衣の中に入り込んできて、パンツの上から男性器をつかみました。思わずため息が洩れるほどの快感が走りました。

そして、小学校時代の彼女の姿が頭に浮かんで、ますます興奮してしまいました。反射的に私のほうも浴衣の中に手を入れて、ブラに包まれた乳房をつかみました。

若菜さんは恥ずかしそうに、うめき声を洩らしました。

それから私たちは、お互いに唇を押しつけ合いながら、両手で相手の体をまさぐりました。小学校のときといまと、どれくらい違うのか、どこがどう成長したのかを確かめているみたいでした。

「ああ、これが若菜さんのおっぱいなんだね。こんなに大きくなったんだ」

「深見君だって、おち○ぽ大きいね、すごく立派。やだ、もう先っぽから何か出てるよ。ああ、なんか不思議な気分」

そう言いながら、ゆっくりしごき上げてきます。その手つきが妻とは全然違っていて、ソフトなのに、男性器が好きで好きでたまらないというような、そんないやらしいさわり方なのです。それだけで腰が動いてしまいそうでした。

優等生でクラス委員だったあの若菜さんが、すごくいとおしそうな手つきで、私のペニスをこすってる。そう思うだけで、もう先端がしびれてジンジンしてきました。

「ご主人が近くにいるのに、まずいよね」

「それ言わないで。もう最近は全然エッチしてないんだ。だから我慢できないの」

「そうか、まあ、うちも同じようなもんだしな」

「あ、でも勘違いしないで。だれでもいいわけじゃないよ、深見君だから、こんな気分になってるんだよ、それはわかってね」

それを言われて、すごくうれしい気持ちになりました。私もきっと、若菜さんだからそんなことをしたのだと思います。だれでもよかったわけではありません。

「ああ、もう我慢できない、ねえ、軽蔑しないでね」

そう言うと彼女はいきなり跪《ひざまず》き、浴衣の中に顔をつっこむようにして、私のモノを口に含んでしゃぶりはじめました。

とても情熱的で、熱心なおしゃぶりでした。妻とは全然違います。

先端を口に含んで舌先をチロチロ動かして、味わいながら根元をシコシコ動かしたかと思うと、今度は指先で尿道をいじくりながらタマのほうをしゃぶったりして、いかにもフェラが好きで好きでたまらないという感じです。あの優等生の若菜さんがそんなふうにおしゃぶりするなんて。とても意外で、それだけに、なおさら興奮してしまいました。

「やだ、ほんと大きいね、すごく硬いし。奥さん、うらやましい」

「妻のことは言わなくていいよ。こうしてると、なんか幸せな気分」

「ほんと？ そう言われると私もうれしい」

若菜さんは音を立てて、熱心にしゃぶってくれました。

「ねえ、お願い、深見君もしてくれる？ 私も我慢できなくなった」

「いいよ」

「ほんと？ うれしい」

そう言いながら若菜さんは、浴衣のすそをまくって横になりました。若菜さんの体は横になっても胸が盛り上がっていました。それがスリムな妻とは全然違っていて、とてもそそられてしまいました。

でも、いいよとは言ったものの、いざとなると、なんだかとまどってしまいました。あの若菜さんがクンニされたがってる、そう思えば思うほど、小学校時代の彼女の姿や、ふだん商店街の仕事を一所懸命にやっている彼女の様子が目の前にちらついてきて、自分がひどく悪いことをやってるような気になりました。

「ねえ、早く」

若菜さんは自分から下着を脱いで、太ももを広げました。いつもの積極的な若菜さんそのままです。そこまでされたら、もう引き下がれません。私も腹をくりました。第一、私はもうさんざんフェラされているのだから、ここでとまどうのは相手に失礼というものです。

思いきって、若菜さんのその部分に顔を近づけました。

予想に反して、毛が薄くて割れ目がはっきり見えていました。四十代の女性とは思えない、幼い感じの女性器でした。私は、若菜さんの性格や見た目から、陰毛の濃い、煽情《せんじょう》的なそこを想像していたようです。

なんだか急に興奮し、深く顔を埋《うず》めました。温泉から上がったばかりなのに、そこは女性器特有の卑猥な匂いがしていました。

全体を舐め回し、少しずつクリトリスに近づくにつれて、息遣いが荒くなってきました。舌先がクリトリスに触れて、舌で転がしたり吸ったりすると、若菜さんは私の頭をつかんで自分の股間へと押しつけました。

「ああ、いいよ、深見君。私、これ好きなんだよ。もっと舐めて。中にも舌を入れて。いっぱい味わって」

もう夢中になって舐めました。ともかく少しでも気持ちよくしてあげたい、感じさせてあげたい、それはかり考えていました。いつの間にか顔がベトベトになっていました。自分の唾液ではなくて若菜さんのアソコから溢れた液です。そのいやらしい匂いにますます欲情してしまい、私は舌先を穴の奥にまでさしこみ、チュウチュウ音を立ててすすりました。

「すごいね、深見君、エッチだね。うちの人、そんなにしてくれないよ。こんな舐められ方、初めて。すごくいい」

なんだかほめられてるみたいで、いい気分でした。

「ねえ、舐めっこしない？」

「え？　シックスナインてこと？」

「そう、それ。私、ほとんどしたことないんだ。でも、やってみたくて。ねえ、お願い。こんなこと言えるの深見君だけなの」

もちろん、断るはずなどありません。

畳の上にあおむけになると、若菜さんは私のものを握ってしゃぶりはじめました。そしてそのまま下半身は、私の顔を跨《また》いできたのです。

目の前には若菜さんの性器と、お尻の穴が間近に見えています。どちらもきれいで、若々しい感じでした。舌を這わせ、性器とお尻を味わいました。若菜さんは、うれしそうな声をあげながら、そこをヒクヒクさせています。ビショビショの愛液が、どんどん垂れてきました。

「これ、恥ずかしいけど、興奮するね。深見君、私の恥ずかしいところ全部見えてるんでしょ？　お尻のほうも丸見えだよね」

「見えてるよ。さっきから、いやらしくヒクついてるよ」

「やだ、言わないでよ。でも、これ、好き。小学校のときは手もつないだこともなかったのに、いま、お尻の穴まで見られてるなんて」

そう言って若奈さんも私のモノにむしゃぶりついて、さっきよりも激しく吸い上げてきました。まるでシックスナインの恥ずかしさをごまかすように、ジュボジュボといやらしい音を立ててしゃぶられて、私のほうも思わず声が出そうでした。

しばらくそうやってお互いに夢中で舐め合っているうちに、若菜さんが、切羽詰まった声をあげました。

「ねえ、深見君、お願い、入れて。ほんとはいけないことだけど、もうここまでしちゃったんだから、いいでしょ？　今日だけの秘密」

確かにここまでやっておいて、最後までしないのは、かえって不自然な気もしましたが、正直なところ私は迷っていました。妻を裏切ることはもちろん、商店街のことも頭をよぎりました。許されないことだというのはわかっています。最後の一線だけは我慢しようかとも思いました。

でも若菜さんは、もう歯止めがきかないようでした。

体の向きを変えて顔を近づけると、ささやきました。

「うちの夫婦ね、もう全然ないの。こういうこと最後にしたのは、もう半年以上も前なんだよ。すごくしたかったけど、でも浮気だけはダメだと思って我慢してたの。だけど、深見君とならいいと思う。ねえ、私って、わがまま?」

そんなことを言われて、私は、もうあとには引けないと思いました。女性にそこまで言われてるのにセックスしなかったら、かえって失礼になります。

私は、今日だけ、二人だけの秘密にしようねと念を押しました。

思い返してみれば、もうその会話の間に、私のペニスは若菜さんのアソコに押しつけられ、先っぽが入ろうとしていました。

「ああ、入っちゃうよ、深見君のち○ぽが入ってくるよ」

自分の性器がじわじわと熱いものに包まれていくのを感じました。それはまるで、自分が若菜さんという女性の深みに、はまっていくようにも感じられました。

やがて全部収まってしまうと、若菜さんはうれしそうな顔をしました。

「全部入っちゃった」

まるで子どものころに戻ったような、素直な表情でした。

でも次の瞬間、自分でゆっくりと腰を動かしました。その姿は、まさに成熟した女の姿でした。私の胸に両手を突いて、最初はおだやかに、そのうち少しずつピッチを上げて、欲望のおもむくままにお尻を前後左右に動かし、ときには上下にも動いて奥のほうを刺激しながら、若菜さんは確実に快感の階段を駆け上がっていきました。

そのうち声が洩れはじめ、その声が少しずつ大きくなっていきました。

これはまずいと思い、私は下半身に容赦なく加えられる快感の律動が全身に広がるのを感じながら、若菜さんの口を塞《ふさ》ぎました。若菜さんもわかっているのか、私の手を口に入れ、指を嚙みながら、必死で声が出るのを我慢していました。

でも、そんな我慢が続くはずがありません。本能のままに腰を動かすうちに、若菜さんは大きな声をあげ、そして腰の動きは少しずつ小刻みになっていきました。

「ああ、もうダメ……イクね、ごめん、私、イッちゃうね！」

やがてそれだけ告げると、若菜さんはブルンと大きく震え、全身にグッと力を入れたかと思うと、すぐに脱力して私の体におおいかぶさってきました。絶頂に達したのだと思いました。なんだか幸せな気分でした。その幸福感はなんだったのだろうと、いまでも不思議に思います。

じつは、私のほうはまだイッていませんでした。若菜さんはそれを知っていて、最後は手でイカせてくれました。射精の瞬間、とても背徳的な気持ちになりましたが、けっして後悔はありませんでした。

幸い、私たちがしたことについては、だれにもバレることはありませんでした。そのあとも楽しい温泉旅行が続きましたが、三組の夫婦はみんな円満で、もちろんいまも商店街のためにがんばっています。

若菜さんと私は、もう二度とあんなことはしていません。あのことは、二人だけのいい思い出です。でも、この年齢になってあんなすてきな秘密を持てたことは、何か小さな宝物を手に入れたような気がします。妻には申し訳ないのですが、この宝物をこれから一生大切に、胸に秘めていくつもりです。

私の住むマンションでは、十年ほど前にベビーラッシュが起こりました。不動産屋によると、世帯年齢や所得が近いので、同じマンション内でしばしば起こる現象らしいです。そんななかで子どもの年齢までいっしょだと、ママさん同士でグループが出来上がります。

子どもの成長とともに、解消になるママ友も多いようですが、なかには親同士の気が合って、子どもに関係なく、友だちづきあいをしていくケースもあります。

我が家と、三軒隣の仁科《にしな》さんのお宅がそうなのです。妻同士、亭主同士、双方の二人の子ども同士まで気が合って仲よしというのは、あまりないケースかもしれません。たまたま巡り合わせがよかったのだと、互いに喜んでいました。

ところが上の子が小学五年生になったとき、妻が思いがけないことを口にしました。

「ねえ、仁科さんの奥さん。良美《よしみ》さんて、ちょっと天然すぎると思わない？」

仲よくしているのに、皮肉のこもった言い方でした。確かに天然なところはありましたが、明るくて気立てのよい奥さんだと思って見ていました。

「いいじゃないか。まあ、少し、年のわりに無邪気すぎるところはあるけどな」

言い方や捉え方しだいなのかもしれませんが、よくも悪くも空気を読まず、元気すぎる印象がありました。下ネタもへっちゃらで、そのぶん、気兼ねなく接することのできる女性でした。酒を飲めば大いに盛り上がることもありました。

「でも、自分の子どもを連れて、よそのパパと野球観戦なんて、自由すぎるわよね」

それを聞いたときは、ちょっと驚きました。妻はそのことを知って、良美さんのことを悪く言ったようです。彼女のキャラなら、あっても不思議ではないことのようにも思えましたが、もしも自分の妻がそういう行動をしたら、おもしろくないと思いました。相手の奥さんの承諾があったのか、経緯が不明なのでなんとも言えませんでしたが、不自然であることは確かです。

「今度、旦那に会ったら、それとなく忠告しておくよ」

数日後、旦那さんと話す機会があったので、遠回しに聞いてみると、野球観戦の件は気づいていたそうで、ため息交じりに言いました。

「自由奔放なところが長所だから仕方ないさ。それに、ぼくは強く言えないんだよ」

よくよく聞いてみると、以前、良美さんに浮気現場を押さえられたことがあって、それ以来、強く出られないのだそうです。夫婦のことなど、他人にはわからないものです。そういう事情があるのなら、それ以上、口出しは無用に思われました。

そんな話を聞いてから、少しばかり仁科夫妻を見る目が変わりました。夫婦それぞれお盛《さか》んで、外の異性と遊んでいるなんて、ある意味うらやましいことでもありました。ひと悶着《もんちゃく》あっても、なおいっしょにいるということは、結局仲のよい証拠なのでしょう。我が家は特に問題も起こらない代わりに、これといって刺激もありません。

良美さんは、明るい性格に打ち消されてはいるものの、黙っているとなかなかいい女だと思ったこともあります。ときどき、目のやり場に困るような露出の多い服も着ていましたが、とてもよく似合っていて、まだまだ女を捨てていないといった感じでした。胸の谷間や、むっちりした二の腕を平気で出していましたが、男を誘っているのか、無邪気なだけなのか見極めがつきません。

そんな話をしてから間もなく、仁科夫妻からお誘いがありました。以前から、たまに互いの家に呼び合って、飲み会をする習慣がありました。子どもが大きくなるにつれ、その頻度が減っていたので、久しぶりのお誘いを喜んで受けました。

夫婦間でギスギスしているとき、他人を交えて酒の肴《さかな》に笑い飛ばしてしまったほうが、あっさり解決する場合もあります。

約束の日、仕事から帰宅して、いそいそと缶ビールを袋に詰めて準備していると、妻が突然、飲み会には行かないと言い出しました。

「今日は疲れているから、良美さんのテンションについていけそうにないわ」

私に一人で行ってきてと言うのです。まあ、気が乗らないんじゃしょうがない、たかだか三軒隣の距離なので、一人で行こうと決めました。

インターホンを鳴らすと、いつもの元気な良美さんの声が聞こえてきました。

「ハ〜イ、いらっしゃ〜い！　散らかっているけど、どうぞ入ってぇ」

出てきた良美さんは、タンクトップにフレアースカート姿で、髪は濡れていました。

「暑いからシャワーをすませたの。ビールがいちだんとおいしくなるようにね」

石鹸のよい香りを漂わせていて、一瞬ドキッとさせられましたが、そんな無防備さも天然なのです。相変わらず声を張りあげて、夫婦でもめていることなど微塵《みじん》も感じさせませんでした。ところが、部屋にお邪魔すると、思いのほかシーンと静まり返っていて、子どもたちの姿も、旦那の姿もありませんでした。

聞くと、子どもたちは、週末を利用して祖父母のところへ泊りに出かけ、旦那は急な残業で遅くなると連絡があったと言うのです。

「なんだい、そうか。じゃあ、日を改めなきゃいけないな。また出直してくるよ」

気まずくなって、帰ろうとした私の腕に、良美さんが腕を絡めてきました。

「せっかく来たんだから飲みましょ！　奥さんは来ないの？　じゃあ二人でね！」

屈託のない笑顔で引き留められて、たじたじでした。

私の妻は、どちらかというと神経質で痩せぎすのタイプで、彼女とは正反対でした。だからこそ友だちになって気が合っていたのかもしれませんが、ときには無神経にも思える良美さんの言動が鼻につくのかもしれません。ただ、男から見ると、良美さんみたいに隙のある女性のほうが魅力的で、ちょっかいを出したくなるものです。

せっかくつまみも作ってくれていたので、むげに断るのもためらわれ、「じゃあ、少しだけ」と言って、二人で乾杯することにしました。

「きゃ～、おいしいっ！　冷えたビール、サイコー！　並川《なみかわ》さんも飲んで飲んで」

いつにも増してパワフルで、大袈裟すぎる身振り手振りは、まるで往年のアメリカのコメディ女優のようでした。彼女を見ていると、湿っぽい不倫などというものとは、無縁なように思えました。

ふだんからよくしゃべる良美さんは、酔うといっそう饒舌《じょうぜつ》になりました。話題探しに苦労することもないので、私みたいな口下手な男は助かります。彼女の作る明るい雰囲気に乗っかっているだけで、なんだか楽しい気分になるのです。

しかしその日の良美さんは、いつになくハイペースで飲み進めていて、早々と目が据《す》わってきました。もともと強いほうではなく、酔うとだらしなくなる傾向がありましたが、いつもは旦那がたしなめたり、面倒を見たりしていました。

座椅子に座っていたスカートのすそをはだけて、まるまるとした太ももを露《あらわ》にしながら脚を延ばしていたので、目のやり場に困りました。

そんな私の視線などおかまいなしに、おいしそうにビールを流し込んでいました。

「あらら、ちょっと酔ったみたい。まあ、いいわよね！　明日は休みだし、アハハ」

色白のせいか、頬や胸元が、のぼせたように赤くなっていました。彼女が体を揺するたびに、タンクトップの胸もとが揺れて、下着がチラチラのぞいていました。

「ちょっと、何をちびちびやってるの！　ほらほら、並川さんも飲んでぇ！」

ビールを片手に、這うようにして私の横にやってきて、「ぷはぁ～、いい気持ち！」とあたりまえのように、肩にもたれかかってきました。

「大丈夫かい？　飲みすぎているみたいだよ。私は帰るから、横になったら？」

ふだんから、平気で人の体に触れてくるところはありましたが、そこまでべったりくっつかれたことはありませんでした。ましてや旦那の留守中なので、後ろめたさを感じてしまい、体を引き離しながら言い聞かせたのです。

「何よ！　こんなにさびしい人妻を置いて帰るなんてひどいわ。うちの人、きっとまだあの事務員と続いてるのよ。どうせまた、朝まで帰ってこないわ」

やはり、旦那の浮気を根に持っていたようでした。気を紛らわせるために、いつになく飲みすぎているのかもしれないなと思いました。

帰ろうとする私にしがみつき、子どもが駄々をこねるときのように言いました。

「いや、いや、いやー。帰るなんて言わないで、まだ早いじゃないのよ」

言いながら、甘えるように首に腕を巻きつけてきたのです。タプタプ揺れる胸が、腕に当たりました。スケベ心がわいてしまって、帰るのが惜しい気がしました。

「わかった、わかったよ。旦那が帰るまでつきあうよ。ちょっと落ち着きなさい」

言い聞かせるように頭をポンポンしてやると、とろんとした目で私を見つめてきて、にっこりとうれしそうに笑うのです。そんな顔をされたら帰れるはずもありません。

そのとき、彼女のスマホが鳴りました。

「あ！　ほら、見て！　旦那からメールが来た！　朝までかかりそうです、だって！　やっぱり」

そのメールが合図になったかのように、彼女は私との距離をさらにつめてきました。いつの間にか、お尻までぴったりくっつけて、私の横に座っていました。まるで、恋人同士みたいに寄りそってきたのです。肉感的な体の重みを感じていると、私の体もさすがに少しずつ反応しはじめてしまったので、あわててビールを飲み干しました。

「並川さんの奥さんがうらやましいわぁ。こ～んなに優しいご主人がいて！」

隣の芝生が青く見えるのは、何も男に限った話ではないようでした。

「うちのだって聞けば愚痴があると思うよ。長年いっしょにいれば飽きも来るし」

妻との性生活は定期的にあるものの、いまや素っ気ない、儀式のようなものでした。若いころには遊んだこともありましたが、年とともに女を口説くのも面倒になって、ここ数年は、子どもの教育費などを考えてこづかいが制限されていたため、遊びにいく余裕もありませんでした。だからといって、性欲が衰えていたわけではなく、コソコソとスケベな動画を見て紛らわしていたのです。

「浮気とも限らないよ。それに君だって、よその旦那と出かけたんだろう？」

ムクムクとわいてきてしまう、よこしまな考えを振り払うために、まじめぶって言いました。言った直後に、あまり責めてもかわいそうだなと後悔しましたが、良美さんはまったく動揺する素振りも見せずに「キャハハハ」と笑い飛ばしたのです。

「いやだぁ、知ってたの？　でも子どももいっしょだったから。ちょっと、チュウしただけよ！　かわいいもんよ、アハハ！」

あまりにもあっけらかんと言うので、怒る気にもなりませんでした。

「うちの旦那なんか、事務員とセックスしたのよ！　チュウくらい、いいでしょ」

よその奥さんが大声で、「セックス」なんて言うのを初めて聞いたので、ドキッとしてしまいました。けれど、聞けば聞くほど良美さんがかわいく見えてきたのです。旦那が、旦那に仕返しがしたいだけにも思えて、むしろいじらしささえ感じました。

良美さんのことを怒れないと言っていた気持ちが、わかったような気がしました。

「ほんとうはやいているんだろう？　まったく、そんなことをしてまで……」

小言みたいにそうつぶやくと、唇をすぼめて近づいてきました。

「うふふ、並川さんにもしてあげる〜。こうして、チュウしたの！　こんなふうに」

まねをしてふざけているだけかと思ったら、そのまま顔を寄せてきて、ほんとうにキスをしてきたのでビックリしました。両頬をがっちり押さえ込まれて、逃げる間もありませんでした。

妻以外の女の唇を味わったのは何年ぶりだったでしょうか。いえ、妻とだって、最近はキスなんて省略されてしまいますから、実に数年ぶりの味わいでした。

酔いがいっぺんに吹き飛びました。

「こらこら、酔いすぎだよ。おふざけもほどほどにしないと、ああ、こら」

手でガードして、避けても避けても、おもしろがって唇を寄せてきました。

「あぁ～、はぁん！　はぁんっ、チュッチュッ、もっとしよう！　うふ～っ！」

催促してくる声が、だんだんと鼻にかかってきて、それまでに聞いたこともないような、甘ったるい声が交じりはじめていました。

再度唇が重なったときには、彼女の顔から、ふざけた様子が消えていました。

ふっくらとした唇は、吸盤のように吸いついてきて、なかなか離れようとしませんでした。力ずくで引きはがそうと思えばいくらでもできたのですが、唇の感触があまりに心地よくて、受け入れていました。彼女は、「うふ～ん」と、吐息といっしょに舌を突き出してきて、閉じていた私の唇をこじ開けると、なんと強引にディープキスに持ち込んできたのです。

舌をネチョネチョ絡み合わせていると、下半身がカーッと熱くなってきました。

俺は何をやっているんだ。数メートル先には、妻も子どももいるんだぞ。自問自答しながら、やっとの思いで唇を離すと、良美さんは、しゅんとしょげたような表情を浮かべました。

「なんでやめちゃうの……嫌い？　イヤなの？　私ってそんなに魅力がないの？」

旦那に浮気をされて、自信を失くしているようでした。彼女の悲しそうな顔なんて初めて見たので、焦りました。喜んだり落ち込んだり、ほんとうに忙しい人です。振り回されっぱなしでしたが、テンポよく場面の変わる寸劇を見ているようで、飽きることがありません。

「そ、そんなことはないよ。十分魅力的だよ。明るいし、グラマーだし」

なだめていると、ようやく少し笑顔を取り戻したので、よかったと思った次の瞬間、いきなり、タンクトップをベロンとまくり上げたのです。透けすけの、派手なブラジャーに包まれた胸が露になりました。それは、男のためにつける、勝負下着のようにも見えました。

「ほら見て！　けっこう、おっぱいも大きいんだから！　ただのデブじゃないのよ」

そう言いながら、見せびらかすみたいに、鼻先に突きつけてきたのです。

若いころ、チラ見せくらいの誘惑ならされたことはありますが、こんなにも大胆でストレートな誘惑は初めてだったので面喰いました。

もしも、良美さんの性格を知らない男だったら引いてしまうか、あるいは、何か裏があるんじゃないかと勘ぐってしまうかもしれません。

「ちょ、ちょっと、よしなさいって……ああ、こんなこと、いけないよ……」

ぎょっとしたのは一瞬で、やはり目が奪われてしまいました。しどろもどろになりながら、白いふくらみを見つめていると、ブラのホックまではずしはじめました。

ポロンとこぼれ出た乳房は、大きさこそ普通でしたが、ロケットみたいに前に突き出た、形のよい美乳でした。さすがは二人の子どもを育てただけあって、乳輪は大きく立派でしたが、色白のせいか乳首は淡褐色で、意外にも清楚な印象でした。

「このおっぱい、並川さんにあげる！　モミモミしても、ナメナメしてもいいわよ」

かすかに保っていた自制心は、もろくも崩れ去っていきました。

「だ、だめじゃないか、人妻なのに！　俺だって、男なんだから我慢できないよ」

旦那の顔が頭に浮かぶと、思いがけず、よけいに興奮してしまいました。

自分の嫁が、ほかの男に乳房を見せて誘惑しているなんて、夢にも思わないだろう。浮気なんてしているから、自業自得だよ。罪悪感よりも、優越感が勝っていました。

朝まで帰らないと言うし、時間はたっぷりありました。迷いが吹っ切れると、下半身に、ぐぐっと力がみなぎってきました。

良美さんの手が、力み具合を確かめるように、私のその部分に伸びてきました。

「ワ～ォ！　並川さんのバナナもおっきくなってるぅ！　キャハ、カッコつけちゃって」

　ズボンの上から、きゅっと握られてしまい、さらに硬くなりました。酒を飲んで、そこまで勃起することはめったにないのですが、そのかわり、飲んだときに勃起すると長持ちするので、なおさら試してみたくなりました。

　乳房を両手でわしづかみにして、プチッと飛び出た乳首に吸いつきました。よほど敏感らしく、すぐに背中を反らしてよがりはじめました。

「アハッ、ハァア！　イイ～ッ！　むっふ～ん、乳首とろけそうっ！」

　長い髪が乱れるのもかまわず、全身をピクピクふるわせていました。日ごろから、身振り手振りが大袈裟な彼女でしたが、それがさらにパワーアップした感じです。

　乳首を吸いながら、じっくりと良美さんの顔を観察していました。みけんにしわを寄せていながら、口元は、笑みを浮かべているように見えました。昼間見る無邪気さは影をひそめ、大人の色気がムンムンとただよっていました。

　体を左右に揺する彼女の体を支えきれず、とうとう絨毯の上に押し倒してしまいました。馬乗りになって股間を押しつけていると、下から腰を突き出してきました。

「ハウゥ～ッ！　ドテに当たってる。おっきいバナナが、ぐりぐり当たってくるぅ！」

　跨《また が》っている私には、陰部に当たる摩擦が、腹なのか恥骨なのか区別がつきませんでした。なにしろ、どこにどう押しつけても、プニュプニュしていて気持ちがよいのです。

良美さんは叫びながら、私のシャツをむしり取るように手をかけてきました。

「全部脱がせて。並川さんもぜーんぶ、脱いで。人肌が……恋しいの」

潤《うる》んだ瞳で見つめながら訴えてきました。

「わかったよ、よしよし。エッチな体、じっくり見てあげる、全部舐めてあげるよ」

スカートを脱がせると、服の上から見る以上に、肉づきのよい下半身が現れました。

小さめのパンティは、むっちりした腰に食い込んでいて、おろすのに少々手間取りました。肌が汗ばんでいるうえに、愛汁が混じって張りついていたのです。全身から湯気が立ち昇りそうなほどほてっていて、本気で感じているのがわかりました。

柔らかな脂肪に残るなまなましい下着の跡や、太ももにある虫刺されの跡など、人妻の見てはいけない領域に踏み込んだ気がしました。

その太もものすき間に手を挿し込むと、べっとり潤んだ溝に突き当たりました。

モサモサの陰毛の奥をさらに深くたどっていくと、コロッとした突起が指先に当たりました。勃起しているクリトリスを指の腹で圧し潰すように刺激してやると、良美さんの声は、ひと際大きくなりました。

「ウッァン！　グフ、グフ、変になりそうっ。もっといじってぇ……アオウッ！」

マンションの防音壁には定評があるので、少しくらいの声なら外に洩れる恐れはありません。ただ、うちの子どもは二人そろって留守のときなどないので、妻からは何年もそんな喘ぎを聞いたことがありませんでした。

「いつもそんな声を出しているのかい？　子どもたちに聞かれてしまうじゃないか」

その家の中で、旦那と交わる良美さんを想像しながら、わざと聞いてみました。すると、舌を伸ばして、またしてもキスを催促してきました。

「声が大きいときは、ベロチューで塞《ふさ》がれちゃう！　唾も飲ませてもらうのよ……」

どうやら、キスが大好きなのがわかりました。最初に濃厚なキスをした時点で、すでにアクセルは全開になっていたようです。

「ハァン、並川さんの唾が欲しいっ。お願い、飲ませて、お口に入れて！」

舌を絡ませながら唾液を注ぎ込んでやると、くぐもった声を洩らして、おいしそうに飲み込んでいました。

「でも、今日みたいな子どものいない日は、アンアンしていいよって旦那が言うの」

なるほど、確かに仁科さん夫妻は、定期的に夫婦二人だけの日を作っていました。

その日も飲み会を終えてから、ベッドでいちゃつく予定だったのでしょう。勝負下着を身につけて、旦那の帰りを待っていたのだろうに、よりによってそんな日に、浮気されたので荒れてしまったようなのです。

けれど、その声といい濡れ具合といい、もはや旦那への当てつけだけとは思えない乱れっぷりでした。指先を動かすだけで、クチュクチュと湿った音を立てていました。

「下にもキスをしてあげようか？　恥ずかしいお口も、唾だらけにしてあげるよ」

指先でもてあそびながら聞くと、良美さんは自分から脚を開きました。

本来、家族で憩《いこ》うための灯りの下で、ヌルヌル光る真っ赤な亀裂をさらけ出したのです。すぼめた唇とそっくりの、肉厚のヒダが見えました。女のアソコなど、いまさら珍しくもないけれど、目の前のそれは特別でした。知り合いの奥さんの陰部を間近でじっくり眺めているということに、異常に興奮が高まりました。

「よしよし、思いきりアンアン言っていいよ。俺ならこんな嫁を放っておけないな」

そうは言ったものの、年がら年中、そんなアクセル全開で待ち構えられたら、疲れて逃げ出したくなる旦那の気持ちもわかる気がしました。

私はピンチヒッターのような堂々とした気持ちになって、遠慮なく、脚の間にもぐりこみました。赤い突起を舌先に乗せ、転がすように舐めてあげると、声が激しくなってきて、自分で膝を抱え込み、ダンゴムシのように体を丸めました。

「ヒィン！　もう、だめぇ！　き、来てぇっ、中に欲しい。お願い、入れてぇっ！」

私はもう我慢の限界でした。亀裂の中心に、ガチガチになっているムスコを突き立てると、太ももや恥骨をおおう贅肉に挟まれました。素股でも、十分イケそうなほど柔らかい肌に圧迫されたのです。良美さんは、全身が性器のようでした。

亀頭の先端が、ようやく秘部に到達したとき、催促するように、キュキュッと締め上げられました。

そのまま思いきり腰を突き出すと、深い溝に呑み込まれていきました。穴の奥には、何層ものくびれがあり、うねりながら性器全体を刺激してきました。良美さんは、名器であることに無自覚な様子でした。知っていれば自信を失うことはないはずです。

「イクッ〜ッ！　アオッ、オゥウ、オゥウ、ウワ〜！　ごっくんさせてぇ！」

大きな腰を回転させながら昇りつめ、さらに口でしゃぶらせろとねだってきました。そこまで興奮を露にされたら、たいていの男は自信を持ってしまうことでしょう。私もうれしくなって、若いころみたいな、激しいピストンをしていました。最後はキスと同じくらい舌を使ったフェラをされ、口の中に大量に発射していました。

翌日、旦那から「昨日はお守りをしてくれてありがとう」と礼を言われて、「助け合いだよ」と返しました。これからも、末永くつきあっていけたらいいと思います。

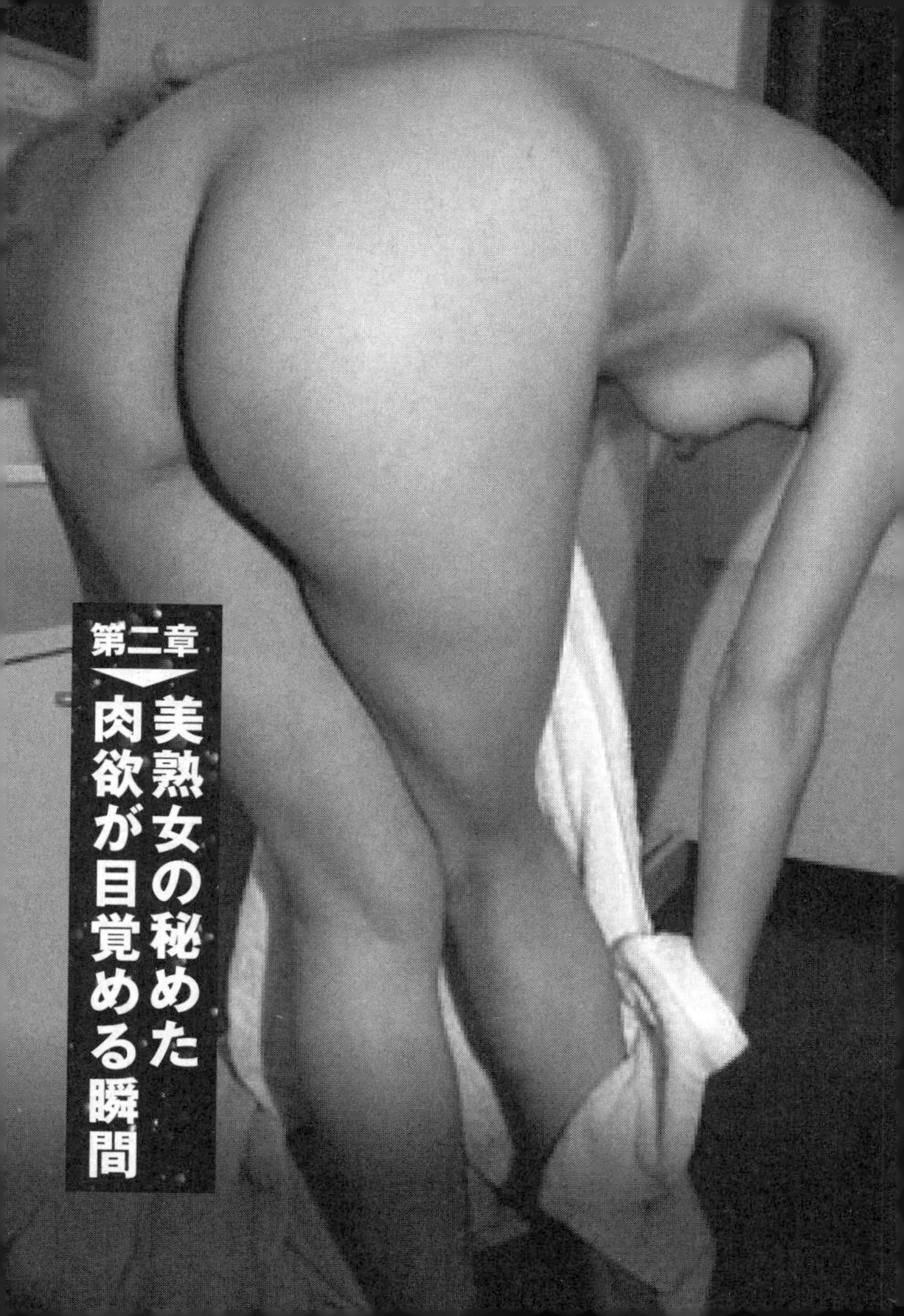

第二章 美熟女の秘めた肉欲が目覚める瞬間

通勤電車で乗り合わせた近所の美熟女と意気投合し仕事帰りにラブホで背徳不倫

寺本純一　会社員・四十一歳

私はとある地域で、転勤の多い仕事をしています。

小学生の子どもが二人いますが、狭い区域での転勤なので、幸い引越しや単身赴任などはせずにすんでいます。

一カ月前に赴任した事業所も、乗り換えなしで十二分ほどで行けるところで、起床時間が大幅に遅くなったのを喜んでいました。ただし、毎日満員電車です。痴漢にまちがえられないよう、できるだけ両手を挙げて押しくらまんじゅうに耐えていました。

その通勤電車での、ある日の出来事です。

ドア付近の込み合うところで、私の正面に向かい合う格好でスーツ姿の女性が立っていました。

できるだけ間を開けようと思うのですが、電車が小さく揺れるたびに、着衣の一部

（特にジャケットの胸の部分）が触れてしまい、内心でヒヤリとしたものです。

女性は私より頭一つぶん背が低く、これだけの近距離でなぜかずっと私を見上げていました。私は視線を避けようと顔を上げ、見づらい角度にある吊革広告などを見ていました。

「寺本《てらもと》さん、こんにちは」

ふいにその女性が、小さな声で私の名前を口にしました。

「こんにちは……あの、えーと」

三十歳前後に見える、見覚えのある美人でした。

異動が多く、担当の顧客も多いので、情けないことですが知り合いに会ってもとっさに名前が出てこないことがあります。

「隣の戸谷《とや》です。この電車をお使いだったんですか」

女性がパッと笑い、むさ苦しい満員電車が妙にさわやかな空間に感じました。

「え、お隣の戸谷さん？」

私の自宅マンションの隣に住む、戸谷さんという主婦の方だったのです。

「仕事関係の人だと思っていたから、とっさにわかりませんでしたよ」

われながら、おかしな言いわけをしてしまいました。

「ずっとこの電車をご利用だったんですか？　知らなかったわ」

周囲に配慮した小さな声でしたが、どこか弾んだトーンでした。

「いえ、三日前からなんですよ。異動になりましてね。家から近くになったもので」

「そうなんですか。今後ともよろしくお願いします」

妙なあいさつの仕方に、戸谷さん自身が途中から小さく笑っていました。

「どこの駅で降りられるんですか？」

私が下車する駅の名前を口にすると、戸谷さんは満面に笑みを浮かべて、とても驚いていました。戸谷さんも同じ駅だったのです。

帰宅時間はさすがに同じではありませんが、その日は仕事をしている間中ずっと、戸谷さんの喜びをたたえた驚きようが頭から離れませんでした。

マンションのお隣に住んでいても、プライベートな会話はあまりないものです。しかし以前から、マンションの廊下やエントランスで会ったとき、戸谷さんは気持ちのいい笑顔とともにあいさつをしてくれるので、最初から好印象は持っていました。

翌日も、その翌日も、身動きの取れない満員電車で戸谷さんと向かい合い、ひそひそ話で短い会話を楽しみました。

結婚して数年たつがまだ子どもはいない、夫婦ともに働いている、私が戸谷さんについて知っていることはそれぐらいでした。

一週間後、会社を出て駅に向かう途中、後ろから聞き慣れた戸谷さんの声が聞こえました。

「寺本さん！　いまからお帰りですか」

女子高校生のような弾んだ声と笑顔で、戸谷さんは近づいてきました。

「そうです。戸谷さん、お急ぎでなければ、どこかでお茶でもしていきませんか？」

一秒前まで想像もしていなかった言葉が、口を突いて出ました。

私たちは駅の近くのコーヒーチェーンに入りました。

「満員電車で周りに遠慮しながらだったけど、戸谷さんの情報がだんだん増えてきましたよ」

「まあ、恥ずかしいわ。なんだか服をゆっくり脱がされてる気分」

私のやや挑発的な冗談に、予想以上に過激な返答をしてきました。

「そういえば、今朝はいつもより眠そうでしたね。睡眠不足ですか？」

「ゆうべ、うちのダンナが求めてきたんですけど、自分だけ満足してすぐに寝ちゃったんです。私、それから眠れなくて、今日も一日、ずっとモヤモヤしてて」

話を危険な方向から逸《そ》らそうとしたのに、さらに戸谷さんはそんなことを言いました。紺のジャケットの下は白いブラウスで、胸元のふくらみのところで、ボタンとボタンのすき間から薄ピンクのブラジャーが、ときおり垣間見えました。

「ねえ、寺本さん、メアド交換しませんか？　家も隣だし、会社も近くだし、お互いに知っておいたほうが、なにかあったときに便利じゃないですか」

知り合い同士の自然な会話の流れとして、私たちはメアドを交換しました。

翌日届いたメールには、非常に驚かされました。戸谷さんは信じられないほど下ネタ満載の文面で送ってきたのです。

満員電車で揺られながら向かい合っているとき、戸谷さんがスマホを見るように小さくジェスチャーしてきました。動きにくいなか、スーツのポケットからスマホを出すと、戸谷さんからメールの着信が入っていました。

〈いま、ブラジャーしてないんです。よく見てください。ブラウスも薄目ですよ〉

驚いて見おろすと、十分に明るいとはいえない満員電車の中で、メッシュ地に近い薄目のブラウスから、ほんのりと乳首が透けているのがわかりました。

私は不自由な体勢から、あわててメールを打ちました。

〈それで仕事する気ですか？〉

〈まさか（笑）。会社の更衣室でブラをつけます〉

そうして目が合うと、戸谷さんはイタズラが成功した子どものように口を閉じたまま笑いました。

〈もうすぐ電車が少し揺れます。もう少しだけ、前に来て〉

足はほとんど動かせないので、私は吊り皮をしっかり持って少し前かがみになりました。戸谷さんはジャケットのボタンをとめていませんでした。

ある駅と駅の途中、ポイントの切り替え地点を通過して、いつも少しだけ電車が揺れるところがありました。

その日、そこを通過して電車が揺れたとき、戸谷さんはややワザとらしく、胸を反らせて私に上半身を押しつけてきました。ムニュリと豊かな乳房の感触が、私の胸と腹から伝わってきました。満員電車の中なのに、不覚にも私のペニスはカチカチになっていました。

その後も、電車内だけでなく仕事中にも、戸谷さんから際どいメールが送られてきました。

〈今度はもっと激しく寺本さんにもたれたいな。ノーパンで行きましょうか？〉

〈ゆうべダンナとするとき、寺本さんを思い浮かべました〉

〈たとえばだけど、家が隣同士なら、不倫するなら絶好のロケーションですよね？〉

会社がちがうので帰宅時間はまちまちですが、連絡を取り合えば待ち合わせは容易です。月末月初や五十日《ごとうび》以外なら、どちらも比較的早めに帰社できます。

退社後、示し合わせて三度目にコーヒーショップで落ち合ったとき、最初からある緊張感がただよっていました。

「ぼくは休日はちょっと難しいですね。一日中いっしょにいたいけど、やっぱりこうやって早めに会社を出たあとに……」

「私もそう思います。いちばん疑われる可能性が少ないし。回数がそんなに増えない限り、残業で遅くなるのは自然だと思うし」

それは最初の不倫セックスを、どこでするかという相談でした。回数という言葉を戸谷さんがつかったのがうれしかったのを覚えています。一度きりで終わらないことを前提とした言葉だからです。

二人が早めに帰宅できる日を確認して、翌週のその日に決行と決まりました。

「二人の楽しい時間にしたいと思います。寺本さん、なにがしたいですか？」

なにがと問われて困りました。セックス以外に何があるのかと思ったのです。

「デリケートな話ですけど、その……配偶者とはできないことをしたいんです」

配偶者以外とするだけで十分刺激的ではないかと思い、やはり私は口をつぐみました。大胆なメールとは対照的に、妙に歯切れが悪いのが印象に残りました。

対面で座っていましたが、戸谷さんは身を少し乗り出して、さらに声をひそめました。

「寺本さん、お尻は興味ありませんか？」

「お尻って……アナルセックスとかいうやつですか？」

つい声が大きくなり、私はあわてて身をすくめました。

「興味はありますよ、男だから。でもあんなのはAVだけの世界かと思ってました」

「二人だけで、新しい世界を見つけたいと思うの……」

えらく乙女チックな言い方に、危なく失笑が洩れそうになりました。内容とのギャップがおかしかったのです。

戸谷さんは、ふっと力を抜き、不安そうな笑みを浮かべました。

「電車の中でも、こんなところでも、小さな声になっちゃいますね」

それから三日間は、戸谷さんとのセックスのことばかり考えていました。

妻との定例セックスにも気合が入ってしまい、満足している妻に内心申し訳なく思ったりしました。

約束の日、いつものコーヒーショップの前で待ち合わせました。時間をむだにはできませんでした。電車で一駅のところに、リバーサイドのラブホテル街があり、念のために電車には別々のドアから乗り、降りてからも少し距離を置いて歩きました。

いちばん近くのホテルに入ると、最初に目についた部屋のボタンを押しました。

「ああっ、寺本さん……」

戸谷さんは大きく息を吐き出し、スーツ姿のまま抱きついてきました。

「寺本さんっ！　ずっと電車の中で、こうやって抱きつきたかった」

私も夢中で戸谷さんを抱き締めました。満員電車でいつも至近距離にいるので、目で感覚はわかっていたつもりでしたが、予想以上に小柄でやわらかかったことに驚きました。

「ぼくも、こうして戸谷さんのお尻をわしづかみにしたかった」

「うふふ、満員電車でこんなことしてるところを想像すると、ゾクゾクしちゃうわ」

暗示にかかったわけではありませんが、私もついその光景を思い浮かべてしまい、周囲の不機嫌なサラリーマンたちに、ありもしない優越感を覚えました。

ふと動きが止まり、目が合ったとき、同時に顔を寄せてキスをしました。

おかしなことに、それから立ったまま服を脱ぐまで、ほとんど記憶にありません。白いブラジャーとレースの白いパンティ、ブラウンのストッキングが、写真のように頭に焼きついているだけです。

パンティ一枚になった戸谷さんを、優しくベッドに寝かせました。

「電車で立ってるかコーヒーショップで座ってるかだから、ベッドで横になってる寺本さんを見るのは新鮮だわ」

「ぼくは、声をひそめないで戸谷さんと話ができるのが、なんだか不思議だよ」

着やせするタイプらしく、戸谷さんは意外に巨乳でした。私はなで回し、舐め回し、両方の白い乳房を唾液でベトベトにしました。

「うふふ、私もイタズラしてやるんだから」

戸谷さんはズルズルと体を下げ、全裸になっていた私のペニスに向かいました。

「ああ、これが……夢にまで見た、寺本さんのオチ○チン……」

妻ではない女性にペニスをさわられる感覚に、不覚にもすぐに射精してしまいそうになりました。

「うふ、私とこんなことして、こんなに硬くしてくれてるのね。うれしい……」

戸谷さんは目を細め、口を大きく開けて、ゆっくりとペニスを先端から呑み込んでいきました。妻からはこんなサービスはしばらく受けていなかったので、初めてフェラチオを受けた二十代の最初のころを思い出したぐらいです。

「おいひい……んむん……」

戸谷さんは、行儀の悪い子どものような声音でした。

「戸谷さんのも、舐めたい」

ダイレクトに言い、上下入れ替わりました。白いパンティのフロントは蜜液ですっかりにじみ、奥が透けて見えるほどでした。

「戸谷さんも、ぼくのためにここまで濡らしてくれてるんですね。アソコが歓迎してくれてるのが、パンティ越しでもわかりますよ」

「うふ、恥ずかしい……でも、満員電車で向かい合って、そのあと会社に行くとき、いつもそうなってますわ」

さほど恥ずかしがる様子もなく、戸谷さんはそんなことを言いました。

両手でパンティを脱がしました。陰毛は薄く、室内の弱めの照明でも、陰毛と大陰唇の地肌がテラテラと光っていました。

割れ目を大きく舐め上げると、「ああんっ！」と戸谷さんは高い声をあげました。

あおむけの戸谷さんに重なり、真上からのぞき込みました。

「……入れて、いいですか？」

「はい。来てください……」

ゆっくりと挿入していきました。ギンギンに勃起していたので、半勃《はんだ》ちや勃たないこともある妻とのセックスとはちがい、入れやすかったのを覚えています。

「ああ……寺本さんが、来てる！　ああっ、夢みたい……ああぁ」

戸谷さんは感極まったように、締まらない声を洩らしました。

挿入が完了すると、戸谷さんは私に辛そうな笑みを向けました。

「寺本さんと、一つになってるのね……」

戸谷さんの口から、また乙女チックな言葉が出ました。

おずおずとピストン運動を始めると、戸谷さんはあごを出し、切ない声を洩らしつづけました。

「……これ、まだ出さないほうがいいですよね？」

ペニスの往復をゆるめながら、私は訊《き》きました。

「ええ……そろそろ」

私がペニスを抜くと、戸谷さんはベッド脇に置いておいた仕事用のカバンに手を入れました。

出したのは、ローションのボトルとコンドームの箱でした。

「うふふ、ダンナとのやつを持ってきたら勘づかれるかもしれないから、ドラッグストアで新調しました。ローションはネットで買ったの」

「……それを、職場に持っていってたわけですか？」

「ドキドキしました……うふふ」

私はアナルセックスに備え、コンドームを装着しました。

「コンドームの上から、ローションを塗っておいてください」

「それ、戸谷さんのお尻にも……」

「そう。塗ってくださる？」

小首をかしげて笑うさまは、無垢《むく》な少女のようでもあり、淫乱な性悪女のようでもありました。

うつ伏せでお尻を上げるのかと思ったら、戸谷さんはあおむけに寝ました。

「お願いします……」

そう言って両脚を大きく振り上げ、お尻も浮かせました。ＡＶでしか見たことのない、いわゆるまんぐり返しに近いスタイルでした。

私はちょっと立ち上がり、シャワールームからバスタオルを持ってきて、ベッドのシーツと戸谷さんのお尻の間に敷きました。

手のひらにローションをたっぷり垂らしました。かすかにミントの香りがしたのが印象的でした。

逆手にした手で、戸谷さんのお尻の穴と周辺にローションを塗りました。ぬめりで柔らかさが増したように思いました。

「……なんだか、娘のオムツを換えていたのを思い出しますよ」

私がやや場違いな感想を洩らすと、戸谷さんは言いました。

「あら、それもいいですね。大人のオムツ！　うふふ、今度満員電車ではいていって、寺本さんと手を繋ぎながら、こっそりおもらしでもしてみようかしら」

きっと近いうちに、本気でやるだろうなと思いました。

「アナルセックスは経験あるんですか？」

「ないの……私は興味あったんだけど、ダンナが乗ってくれないし」

「危なくないですか？」

「大丈夫よ。寺本さんと約束した日から練習してたから。キュウリにコンドームを被せてね……うふふ」

「……そのキュウリは？」

「ゴムの匂いが残るから、皮を削って浅漬けにしたの。白っぽくてカクテキみたいになっちゃった。ダンナ、喜んで食べてたわ……うふふふ」

「…………」

不倫セックスとは別の、なまなましい報告を聞いてしまいました。

戸谷さんが少し腰を浮かせただけの、一見普通のセックスのような体勢で、私たちは見つめ合いました。

「じゃあ、入れます……痛かったら言ってください」

私は上半身を少し立て、ペニスの先を戸谷さんの肛門に当てました。

押しつけると、最初は抵抗があったのですが、すぐに、プッと中心が開き、亀頭が入っていきました。

「ああ、緊張する……ずっと前、初めて男の人としたときを思い出すわ」

私も同じでした。童貞喪失のときのような緊張感を覚えていたのです。

肛門にペニスが入っていくのは不思議な眺めでした。広がるにつれ、集中線は消えていきました。ローションの助けも大きいのでしょうが、戸谷さんの肛門は、意外にスムーズに私のペニスを呑み込んでいきました。

「大丈夫ですか？」

戸谷さんは返事をしませんでしたが、目も口も細く開けたままの表情から、痛いだけではないのだろうということが伝わってきました。

「……戸谷さん、ぼくのチ○ポ、最後まで入りました。動いても大丈夫ですか？」

戸谷さんはゆっくりと両手を挙げました。私は上半身を倒し、吸い寄せられるように抱きつきました。

「ええ、大丈夫よ……私の、お尻の奥に、いっぱい出して！」

存外に元気な声に安心し、私は抱き締め合ったまま激しくピストン運動を始めました。直前の通常の膣挿入もあり、射精は近い予感がしていました。

「たくさん、出してくださいっ！　そこは、寺本さん専用だからっ！」

戸谷さんが言い終えると同時に、私たちは人生初の肛門性交を果たしました。

それから二週間ほどたちました。満員電車のひそかな楽しみはいまも続いています。

最後に、今朝戸谷さんから届いた、驚きのメールをのせておきます。

〈ダンナが一週間出張ですって！　寺本さんも出張ということにして、一週間、奥様の目を盗めないですか？（笑）〉

私は生まれ育った東京を出たことがなかったのですが、去年の四月から、東北の地方都市にある自社工場に単身赴任しています。

そこでは、1Kのアパートに一人暮らしです。いちおう、台所に鍋やフライパンは揃っていますが、ほとんど自炊することはありません。近所にスーパーやコンビニがあるし、工場の近くには飲食店も揃っているので、食事には不自由しないのです。

それほど部屋も汚れないので、週末に掃除機をかければ十分なくらいです。

私服や下着はコインランドリーで洗濯しています。ただ、ワイシャツにピンとアイロンをかけたり、工場で着ることになっている作業着や、通勤用のスーツも定期的にきれいにする必要があり、自分ではできません。

そこで歩いて七、八分のところにある、クリーニング店を利用することにしました。

週末にまとめて持っていって、前の週に出した洗濯物を持って帰るというような繰り返しでした。そして、それは私にとって楽しみでもあったのです。

なぜかというと、私がその店に行くときにはだいたい、愛くるしい笑顔の女性がいたからです。年のころは私よりも少し若いぐらいでしょうか。店長との会話から推察すると、パートで働いている人妻さんなのかもしれません。

とても朗《ほが》らかで人当たりがよく、エプロンがよく似合う女性です。とにかく清潔感に満ち溢れていて、彼女の顔を見ると、単身赴任のさびしさがいやされました。

ようやく挨拶以上のちょっとした世間話ができるまでに、半年以上かかりました。

やはり彼女は私が想像したとおり結婚していて、名前は草野《くさの》菜摘《なつみ》さん。二人の娘さんが地元の短大と高校に通っていると教えてくれました。私は息子が二人で大学生と高校生なので、少し年下という予想もはずれてはいない気がしました。

「五十歳になって一人暮らしなんて、考えたこともなかったんですけど、やってみればやってみたで、けっこう気楽でいいもんです」

私がそんなことを言うと、彼女は茶目っ気たっぷりに答えてくれました。

「じゃあ小松《こまつ》さんは、私が高一のとき高三だったんですね」

それで彼女が私より二歳年下の、四十八歳だということがわかりました。

「私だって、ピチピチの女子高生のときがあったんですよ」

「いえ、いまでもお若いですよ。そんなに大きい娘さんがいるようには見えません」

「フフッ、ありがとうございます。お世辞でもうれしいです」

それからまた、三カ月ほどたったころでした。

いつものように軽く世間話をして、きれいにクリーニングされた衣類を持って私が帰ろうとすると、彼女に呼び止められたのです。

「あの、定期的に利用していただいているお客さまには、洗濯物の集荷と配達もしているんですけど、いかがですか。あ、その場合、私がうかがうことになります」

「な、なるほど……じゃあ、お願いしようかな」

そうして菜摘さんは毎週土曜日、うちに来てくれることになったのです。

「へえー、こういうところに住んでるんですね。単身赴任だからあたりまえなのかもしれませんが、あんまり荷物がなくてサッパリしてるんですね」

菜摘さんは五十男の一人暮らしに興味津々のようでした。その若い女性のような言動がかわいらしくて、私も恥ずかしいと同時にドキドキしてしまいました。

そんなことが一カ月ほど続いたある土曜日、私は彼女にあることを告げようと決心していました。しかし、いつものように洗濯物を持ってきてくれた菜摘さんを目の前にすると、言おうと思えば思うほど意識してしまい、どうでもいい世間話をしていました。

「それじゃあ、ワイシャツ五枚とスラックス、お預かりしていきますね」

彼女が帰ろうとしたとき、ようやく「あの、お願いが……」と言いました。

「はい？」

「いや、あの、ええと……なんというか……単身赴任は気楽でいいんですけど、やっぱりさびしいというか……よかったら、今度、仕事じゃないときに会ってもらえませんか。もっとゆっくりお話したいというか……お願いします」

しどろもどろの私の言葉を菜摘さんは驚いたように聞いていました。

何か言おうとした彼女に、私はケータイ番号を書いたメモを渡しました。

「……ダメなら捨ててください。それなら、あきらめますから」

それからは一日千秋の思いでした。仕事をしていても五分に一回ぐらいはポケットからケータイを取り出して、着信を確認してしまいました。

そして、そのショートメールが送られてきたのは、金曜日の夕刻でした。

〈私も、もっと小松さんとお話したいと思っていました。具体的なことは、明日、配達にうかがったときに決めませんか？〉

それまでおよそ一週間、モヤモヤと待ち焦がれていた気持ちが一瞬で晴れました。まさに天にも昇る気分でした。すかさず私は返信しました。

〈了解しました。お待ちしています〉

翌日の土曜日。朝からソワソワして仕方ありませんでした。

「毎度ありがとうございます。○○クリーニング店です」

いつものように菜摘さんは、午後三時ぐらいにやってきました。

「それじゃ、これ、今日の仕上がり分です」

「あ、ありがとうございます」

それから彼女が困ったような表情で言ったんです。

「考えたんですけど……やっぱり、このへんは私の地元じゃないですか。別に後ろめたいことがなくても、小松さんと二人でどこかの店にいたら、誰が見てるかわからないんです。やっぱり、そういうことはやめたほうが……」

私は天から地へ、真っ逆さまに叩き落とされるような気分でした。

「あ、ああ……そりゃ、そうですよね。単身赴任のぼくとは……」

「だから、この部屋に来ようかと思うんです」

「えっ……？」

「いつも外食とかお弁当みたいですから、そんなにすごいものはできませんけど、ご飯を作りにきたいなって。それを食べてもらいながら、お話したいなって」

何かもう、私は気持ちが急激に落ち込んだり、想像をはるかに超えて盛り上がったりで、どうしていいかわからなくなりました。

するど彼女が念を押すように、「いいですか？」と言いました。

「は、はい、もちろん……」

「今日は六時まで仕事なんで、終わってからスーパーで買い物をしてきます。七時前には来れると思いますから、それまで食事はしないでくださいね」

「きょ、今日、来てくれるんですか！」

彼女は恥ずかしそうな顔でコクリとうなずき、その日の洗濯物を持って帰っていきました。そしてほんとうにその日、彼女は私のアパートにやってきてくれたのです。

「お腹空いたでしょ。ご飯、すぐに作りますから」

彼女は私服姿で、タイトなニットのワンピースを着ていました。

考えてみれば、彼女の存在を知ってから十カ月ぐらいたっていたというのに、仕事中のジーパンにポロシャツ。その上に店のエプロンという出で立ちしか見たことがありませんでした。濃い茶髪のロングヘアもいつも三角巾で結わいていたのですが、そのときはおろしていました。別人のような姿に、さらにドキドキしてしまいました。

「ビールでも飲んで待っててください」

冷蔵庫からビールを出して、いつもコンビニ弁当を食べている小さなダイニングテーブルに座ると、手際よく料理する彼女の後ろ姿に視線が釘づけになりました。

チャコールグレーのニットのワンピースに、女性らしいなで肩、なだらかに曲線を描く肩から背中、くびれたウエスト、丸くむっちりとしたヒップ、柔らかそうな肉づきのボディラインが浮き彫りになっていました。

いけないと思いつつ、舐めるように視線を這わせてしまいました。

後ろからぴったりと寄り添い、まるまるとしたヒップをなで回しながら、耳にいやらしい言葉を吹き入れるのにぴったりのシチュエーションです。考えただけで股間がムズムズしました。でも、そんなことをする勇気はありませんでした。

「お待たせしました。時間をかける料理はできないので、こんなものですが」

色鮮やかなサラダにクリームスープ、メインはトマトソースのパスタでした。

「すごくおいしいです！　出来合いの料理とは全然違います」

それはお世辞でもなんでもありませんでした。私は夢中で平らげていきました。

「フフッ、私も主婦歴が長いですから」

「そ、そうか、主婦ですもんね。今日は、ご家族にはなんと？」

「学生のときの女友だちに会うって……悪い主婦ですかね。でも、娘たちが料理してくれるんで、主人は私がいないほうがうれしいみたいなんです」

楽しい時間はあっという間に過ぎ去っていき、午後九時を回っていました。私はかなりビールを飲んで、いい気分になっていました。菜摘さんは軽自動車で来ていたので一滴も飲みませんでした。

「じゃあ、そろそろ……帰ります」

そう言ってから、菜摘さんはきれいに洗い物までしてくれました。

「今日は、ほんとうにありがとうございました。できたら、また……」

私は玄関に屈んで靴をはく彼女に、そう言いました。

「こちらこそ楽しかったです。今度はもっと手の込んだ料理を作りたいです」

そう言いながら彼女は立ち上がって、こちらを振り向きました。すると思いのほか距離が近かったのです。目の前の菜摘さんの顔にポッと赤みが差しました。それからしばらくの間、私たちは見つめ合っていました。

「あの、俺……菜摘さん」

私はスッと彼女の両肩に手を添えて、引き寄せると同時に唇を重ねました。ピクッと彼女の肩が弾んで、「はぅ」と甘い鼻息が洩れました。それからゆっくりとお互いの唇が閉じたり開いたりして、半開きの唇の間で遠慮がちに舌が触れ合いました。

やがてチュッと音を立てて、菜摘さんの唇は離れていきました。

「もう、小松さん……飲みすぎじゃないですか」

私の中には酔いだけではない、激しい感情が渦巻いていました。グイッと菜摘さんの腕を引っぱって、力任せに抱き締めました。そのまま首筋に顔を埋《うず》めました。

「あッ、あッ……ダメです、そんなこと」

首筋やのど元に舌を這わせ、耳を舐め回しました。

「い、いや……ヒッ、そんなに、あぁ」

菜摘さんの全身が小刻みに震えるまで耳を舐め回した私は、彼女の両頬に手を添えて正面から見つめました。つぶらな瞳がたっぷりと潤《うる》んでいました。

再び唇を重ねて、ヌメヌメと舌を口の中に押し込んでいきました。アタフタと逃げ回る菜摘さんの舌が、観念したように私の舌に絡みついてきました。

「うぐむぅ……ジュッ、ジュジュ……ジュルル」

二人の口の中を舌が行き交い、唾液がしみ出して口角から溢れるほどでした。

私の胸板に密着した豊かな乳房が、水風船のようにうごめいていました。堪《たま》らず私は、菜摘さんの体を両手でまさぐっていきました。

「ンンッ、んぐ、はうふぅ」

さっき見たニットのワンピースに浮かぶむっちりとしたヒップが、頭の中をグルグルと回り、我慢できませんでした。両手を伸ばしてお尻の肉をもみしだきました。指先に、つき立ての餅のような肉がムニュッとまとわりついてきました。

私は夢中になって十本の指を曲げ伸ばしして、二つに割れたヒップをもみくちゃにしました。そうすると、菜摘さんが激しく舌を絡めてきました。

そのとき私はスウェットパンツをはいていて、すでに痛いほど勃起していました。向かい合ってヒップに両手を回した私がもめばもむほど、股間が密着しました。テントのようにスウェットを持ち上げる亀頭が、ニット越しの柔らかいマン土手を押し込み、太ももとの間のYゾーンに埋まっていきました。

すると菜摘さんが、ペニスの感触を確かめるように腰を動かしてきたのです。亀頭が、ムニュムニュとうごめくマン土手の肉に愛撫されているようでした。

「ど、どうしよう……すごくエッチ」

そう言って菜摘さんは腰を振りつづけました。クリーニング店で働く清潔感に満ちたパートの人妻さんとは、別人としか思えないほどのいやらしい腰つきでした。それで私は、彼女もエッチすることに同意してくれたのだと思い込んでしまったのです。

ディープキスしながらワンピースのすその中に右手を忍ばせていくと、ロングヘアがイヤイヤと揺れて、菜摘さんの両手がゆっくりと私の胸を押し返してきました。

「これ以上はもう、ダメです。私……結婚してるんですから」

いきなり現実に引き戻されて、私が呆然《ぼうぜん》と立ち尽くしていると、彼女はドアを開けて逃げるように出ていってしまいました。そして、しばらくすると、アパートの前から走り去る軽自動車の音が聞こえてきたのです。

せっかく単身赴任のさびしい中年男をいやすために、話し相手になってくれるはずだったのに、おいしい料理まで作ってくれたのに、もう菜摘さんのことはあきらめなければいけないんだろうな。翌日は朝から悶々《もんもん》としていました。

すると昼下がり、なんと菜摘さんが部屋にやってきたのです。

私はそのとき座椅子に座って、ぼんやりとテレビを眺めていました。

「小松さんがあんなことするから、私、おかしくなっちゃったみたいです」

ブラウスにカーディガン、膝丈のフレアスカートをはいた菜摘さんが、そう言いながら部屋に上がって私に近づいてきました。

「あまり時間がないんです。買い物に行くって出かけてきたから」

首筋まで赤く染めて、切羽詰まったような表情をしていました。

「あ、あの、菜摘さん……」

その瞬間、フレアスカートのすそが目の前を舞いました。座椅子に座る私の腰を跨《また》いで、菜摘さんが正面から抱っこするように乗っかってきたのです。

東京で何度か接待に使ったことがある、セクキャバのようなスタイルでした。菜摘さんの膝が私の腹の両側まで広がり、生脚が露《あらわ》になっていました。

「昨日のことが、忘れられないんです……」

そう言って、昨日とは逆に菜摘さんが私の両頬に手を添えて、しっとりと湿った唇を重ねてきました。私はあまりのことに頭が混乱しながらも、夢中でその唇に吸いつき、舌を生き物のように動かし、彼女の体をなで回しました。

「むぅ、ぐうッ、グジュユッ……」

めくれたスカートの中に両手を差し入れて、指先をショーツもろともヒップに突き立てると、菜摘さんの全身が、キュンと伸びるように反応しました。そのままグイグイとお尻の肉をもみ込むと、菜摘さんが両手で私の首にしがみついてきました。

「小松さん、すごくエッチで、気が狂いそうです」

股を開いた菜摘さんの下半身が、いやらしくうごめいていました。

私はヒップの割れ目が閉じたり開いたりするほど、お尻の肉を激しくもみながら、ショーツの生地を中心に寄せていきました。

「あぁっ、そんなに、食い込ませないでください！」

お尻の肉がプルンと弾けて割れ目にハマったショーツを指に引っかけて、ヌルッ、ヌルッとヴァギナにこすりつけるように、何度も引っぱり上げました。

「いやッ……ああッ、すごく食い込んできます」

引っぱるたびに菜摘さんの背筋が反り返って、顔が天井を仰ぎました。

「ダメダメ、すごく……奥まで、感じちゃうぅ」

菜摘さんの下半身が、わななくように震えて止まらなくなりました。ヴァギナにショーツが埋没して、クリトリスからアナルまでを摩擦しているようでした。

すると菜摘さんが、いきなり私の首に絡ませていた両手を、スウェットパンツどころかトランクスの中に突っ込んで、勃起したペニスを握ってきたのです。

「あぁ、小松さん、こんなに……」

そして、何か大切なものを扱うようにさわりはじめたのです。左手で亀頭を包んで玉を磨くようになで回しながら、右手でペニスの幹をしごいてきました。

「くうっ、菜摘さん、気持ちいぃッ」

私も指を菜摘さんの股間に伸ばしていきました。ヴァギナに食い込んだショーツは愛液がしみ込んでヌルヌルになっていました。

私は埋まったショーツをずらして、直接ヴァギナをさわりはじめました。

「ああんッ、どうしよう、私……」

硬く勃起したクリトリスを指先でこね回すと、菜摘さんの体が、ビクビク、ビクビクッと痙攣を繰り返しました。

「ハッ、ハッ、感じちゃって……恥ずかしい」

私がクリトリスをいじっていた中指を、ヴァギナの割れ目に沿って進ませていくと、たっぷりの愛液が溢れた膣口が、呼吸をするように息づいていました。

そのまま軽く指を押し当てると、ヌルッと埋まってしまったのです。

「あッ! ど、どうして、入れちゃうんですか」

熱い愛液が満ちているというのに、粘膜が生き物のようにうごめいて、指を締めつけてきました。私は中指に薬指も加えて、深々と埋め込んでしまいました。

「イヤ、ダメです、そんなに入れちゃ……」

二本の指で膣の中をかき混ぜると、さらに肉壁がうごめきまとわりついてきました。

「うぅっ……菜摘さん、すごい名器です」

膣の中で二本の指を交差させたり、V字に広げたり、グルグルと回転させたりしました。指の関節を曲げたり伸ばしたりして、膣の中のコリッとした部分、Gスポットを引っかくようにしました。途端にヴァギナのねばった音が大きくなりました。

「そんなことされたら、アッ……イク、イッちゃう！」

すると菜摘さんの痙攣が止まらなくなり、いきなりビュッ、ビュビュッと潮を吹いたのです。全身を躍《おど》らせながら、驚くほど長く大量の潮吹きでした。

「ご、ごめんなさい、私ったら……」

おもらしというにはあまりにも大胆な粗相をごまかすように、菜摘さんは私のスウェットとトランクスをめくってしまいました。セクキャバスタイルの二人の股間の真ん中で、まるで二十代の青年のようにペニスがそそり立ってしまいました。

「あぁ、すごい、小松さんの……」

ペニスを握った菜摘さんの細い指が、螺旋《らせん》を描くように何度もこすり上げました。

「菜摘さん、欲しいんですか？」

「や、やめてください……そんな言い方」

「じゃあ、入れなくてもいいんですか？」

するとと菜摘さんはつぶらな瞳をたっぷり潤ませて、ポッリと言いました。

「小松さん……イジワルだったんですね」

そして自ら脚を踏ん張り、M字開脚でヒップを持ち上げていったのです。

対面座位の大股開きで腰を浮かした菜摘さんが、私の目を見つめたまま、握ったペニスをコントロールしてヴァギナに近づけていきました。

二人の視線が絡みつき、荒い息遣いが交錯しました。菜摘さんがなまめかしい表情で唇をとがらせて、ゆっくりとヒップを沈めてきました。

「あぁぁ……あ、あぁ、入っちゃう」

うごめく小陰唇が、ねっとりと亀頭の表面をおおいました。ペニスの根元を握った菜摘さんがヒップを上げ下げすると、少しずつ亀頭が膣口に呑み込まれていきました。

「ハッ、ハウッ、欲しいです、奥まで……」

そう口走った菜摘さんは、指を離し両腕で私の首に抱きついてきました。そのままグイと腰を落とすと、ペニスの根元まで膣の中に埋まっていったのです。

「はあっ、ぐうぅっ……小松さんの太くて、硬い！」

訴えるように言った菜摘さんが、ヒップを上下に動かしはじめました。M字に踏ん張った太ももに力を入れて、膝を屈伸させながら、ペニスを出し入れさせたのです。

「す、すごい。奥まできますうっ！」

興奮した私も両手を菜摘さんのお尻に回し、つき立ての餅のような尻肉をわしづかみにして、もみくちゃにしながら続けざまに腰を突き上げました。

「イヤイヤ、そんなに、あうッ……気持ちいぃ」

菜摘さんのスベスベのお尻の肌にびっしりと汗が浮いて、ヌルヌルに濡れていました。座位で抱き合った二人の下半身は、同調するように動きを激しくして、どんどん淫らにエスカレートしていきました。

「ああッ、ああッ、奥がすごいの！」

潮と愛液が混じり合って、私の陰毛までグチャグチャになっていました。

「あうっ、もっと……いっぱいして！」

やがて菜摘さんの下半身は、煽情《せんじょう》的なレゲエダンサーのように強烈に振り立てられました。いやらしい挿入音が、アパートの部屋中に響きわたりました。

「いいッ、小松さんのチ○ポが、私のオマ○コの中で暴れてる！」

クリーニング店で出会った朗らかで人当たりのいい菜摘さんが、こんなにエッチになるとは想像もできませんでした。

「今度は小松さんが、上から責めてください……」

菜摘さんは全裸になって畳の上にあおむけになりました。アラフィフの裸体は熟れた曲線を描き、匂いたつほどの色気に満ちていました。大きなビール腹に引け目がありましたが、私も服を脱いで彼女におおい被さっていきました。

そして彼女の両膝を広げて、正常位で激しく出し入れしました。二人とも汗まみれでローションのようにすべりました。お互いの顔面も舐め合いました。

「こ、こんなにエッチなこと、アウゥ！」

快感と興奮で、私はすぐに射精の予兆を感じました。

「くうぅ、もう……出そうです！」

「待ってください！　最後は……」

そう言って菜摘さんは四つん這いになりました。私は突き出されたお尻をグイグイともみしだきながら、大きく腰を振りました。

「私、動物みたいに……後ろからやられるのが、いちばん好きなの！」

頭が真っ白になるまで腰を振り、菜摘さんの中に濃い精液を放出しました。

それ以来、週に一度のクリーニングと、私たちの淫らな秘め事が続いているのです。

先日、妻の勧めでとあるスポーツジムに入会しました。

というのも、夫婦で入会すると特典があり、妻はそれが目当てなのです。

もともと会員だった妻は、時間があればジムに通うほどのトレーニング好きで、体も相当に引き締まっています。

一方で私はというと、昔から運動オンチでろくに体を鍛えたこともありません。お腹もたるんで、メタボ予備軍と診断されていました。

それだけに、せっかく会員になったのだから、休日だけでも妻といっしょにジムに通っておこうと決意しました。

ところがいざトレーニングを始めてみると、初心者用のコースでもまるでついていけません。運動不足、筋力不足だったので無理もないのですが、すぐに息が切れてしまうのです。

おかげで、しばらく筋肉痛にも悩まされ、体は悲鳴をあげっぱなしでした。

でも、悪いことばかりではありませんでした。ジムには妻の友人も入会していて、彼女たちのセクシーなトレーニングウェア姿を拝むことができたのです。

ふだん顔を合わせる彼女たちは、ごく普通の格好をしたどこにでもいる人妻です。しかし、ジムの中では色鮮やかな衣装に着替え、美しく見事なスタイルを披露してくれます。

特にぴっちりとしたスパッツやショートパンツの後ろ姿に、目が釘づけになっていました。実は私は、大の尻フェチなのです。

人妻のむっちりした大きなお尻は、なによりの目の保養でした。これを見れるから私はジムに通い、つらいトレーニングも我慢することができたのです。もちろんこんな不純な動機は妻には内緒にしていました。

ところが、ある日のことでした。

いつものように二人でジムに行き、妻は友人とおしゃべりをしながら、ランニングマシーンで汗を流していました。

私はというと、相変わらず女性のお尻を眺めながら、トレーニング器具を使って軽めの運動をしていました。もちろん見慣れた妻のお尻ではなく、別の女性のお尻ばかり見ていました。

すると、一人の女性が私に近づいてきたのです。彼女は妻の友人の一人で、私とも顔見知りの日菜子《ひなこ》さんでした。

ショートヘアの活発そうなルックスで、二児の母親の彼女ですが、そうは見えないほど若々しいタイプです。

「松田《まつだ》さんって、いつも女の人のお尻ばかり見てますよね」

そう声をかけられ、私はドキリとしました。

「いや、そんなことないですよ。たまたまあっちを見ていただけで……」

「とっくにバレてますよ。だって、ずっと目がお尻ばかり追いかけて、ろくに体なんか動かしてないじゃないですか」

そこまで観察されていたのであれば、もう言いわけはできません。スケベ心を見抜かれてしまった私は、頭をかいて苦笑いをするしかありませんでした。

ところがわざわざそう言いにきた彼女もまた、色っぽいヒップラインを強調するウエアを身に着けているのです。

派手な蛍光色のラインが入ったスパッツで、太ももはほぼ丸見えの短さです。上半身もおへそを出したタンクトップ型のシャツという、男の目を引きつけるための格好にしか見えませんでした。

彼女は私がお尻好きだと、とっくに気づいているはずです。それなのに私の目から遠ざけるどころか、逆にそばから離れようとはせずに、自分のスタイルについてあれこれ話しかけてくるのです。

「松田さんから見た、私のお尻はどうですか？」

そう言って、こちらにお尻を向けてきたとき、私も理解しました。

彼女は見られるのをいやがるタイプではなく、むしろ見てほしいタイプだと。でなければこんなアピールなんて、まずしないはずです。

「すごくいいお尻です。大きさも形もいいし、グラビアの女の子みたいですよ」

お世辞ではなく、もう四十歳を過ぎているはずなのに、引き締まった抜群のスタイルでした。特にスパッツが食い込んだお尻は最高の眺めです。

「あら、うれしい！　そう言ってもらえてホッとしちゃった」

「どうしてです？　こんなにスタイルがいいのに」

「だって、うちの子どもや主人は、せっかく私が体を鍛えても、ちっともほめてくれないし見てもくれないんですよ。ほめてもらえないと、やる気が出ませんから」

「そうなんですか。もったいない」

そんな会話をしていると、彼女からジムのラウンジでドリンクでも飲まないかと誘われました。

私たちは妻に見つからないように、こっそりとトレーニングルームを出てラウンジへ向かいました。さすがに二人きりで出ていくところを見られては、妙な勘繰りをされてしまうからです。

するとトイレの前に差しかかったとき、いきなり彼女が私の手を握り、指を口に当てて「シー」と合図をしました。

いったい何事かと思っていると、今度は周囲を見渡して誰もいないことを確認しています。

「こっちに来てください」

強く手を引っぱられて向かった先は、なんと女子トイレの中でした。

さすがにあわてましたが、彼女はおかまいなしに私を奥の個室へ連れ込みました。

二人でそこへ身を隠し、鍵をかけてしまったのです。

「すみません、こんなことをして。もう我慢できなかったんです」

ホッと一息をつく暇もなく、彼女は私に迫ってきました。

「ちょっと待って、落ち着いてください。こんなとこで……」

「だって、あんなに近くで見られて……どれだけ私がいやらしい気分になったか、わかりますか？」

断っておきますが、ふだんの彼女は常識のあるごく普通の女性です。それなのにこんな大胆なことをするなんて、さすがに想像すらしていませんでした。

とはいえ、私も彼女の体を見てムラムラしていたのは事実です。じっとりと汗をかいたトレーニングウェアのまま、こんな狭い場所で女性に迫られては、性欲を抑えきるのは無理でした。

「待っててくださいね、いますぐ脱ぎますから……」

彼女は私が黙っているのを見て、目の前でウェアを脱ぎはじめました。

タンクトップの下は黒いスポーツブラで、ぐっしょりと汗で濡れています。ためらうことなく自分の手で引っぱり上げ、胸をさらけ出してくれました。

私は生唾を飲み込みながら、彼女のストリップを見つめていました。

引き締まった体はキュッと腰がくびれ、程よくふくらんだ胸も、形がきれいなままです。

これだけのスタイルを維持しているのも、人に見られることを意識しているからでしょう。しかも彼女は、それに性的な興奮まで感じているようです。

下にはいているスパッツと下着をまとめておろしてしまうと、あっという間に全裸になってしまいました。

そのまま彼女は壁に手をつき、私に向かってお尻を突き出してきたのです。

「いいんですよ……お尻、近くで見ても」

彼女は私の好みを察して、そう言ってくれました。

「あの……ほんとうにいいんですか？　誰か入ってきたりしたら……」

「だいじょうぶですよ。どうせ見つかりはしませんから」

平然としている彼女は、私よりも度胸があるようでした。

それならばと私も開き直って、その場に屈み込むと、彼女のお尻を正面から見上げました。

「おお！」

思わずため息が出てしまうくらい、見事なお尻です。

むっちりとした肉感があり、とても美しい丸みを帯びていました。しかもその奥にある肛門のすぼまりと割れ目まで、はっきりと見えます。

「こんなきれいで色っぽいお尻、初めて見ました。たまりませんよ……」

「ふふっ、ありがとうございます」

ほめてやると、ますます彼女はうれしそうにお尻を突き出してきました。

ベタベタと手でさわってみても、彼女は何も言いません。やや汗ばんで甘ずっぱい匂いがただよっています。

よく観察してみれば、わずかに開いた割れ目の奥が、うっすらと濡れていました。トレーニング室で私に見られていたときから、きっとそうなっていたに違いありません。わざわざそれを見せつけてくるあたり、露出願望も強いのでしょう。

興奮してしまった私は、たまらずにお尻の谷間に顔を埋《うず》めました。

「あんっ！」

いきなり肛門に舌を這わせたので、彼女もさすがに驚いたようです。

しかし、いやがるどころか、彼女は小さく喘ぎ声を出していました。

「ああ、そんなところ……んっ、はぁっ」

私は夢中になって、彼女の肛門から股間まで舐め回しました。

その一帯は汗臭さだけでなく、いやらしい匂いも強烈です。嗅いでいるとますます興奮してしまい、グリグリと顔ごとお尻の谷間に押しつけながら、彼女のいやらしい声を聞きました。

「私……そんなところ舐めてもらったの、初めてなんです」

ふと彼女がそうつぶやいたので、私は顔を上げました。

「ほんとうですか？　旦那さんにも？」

「うちの主人なんて、ベッドでほとんど何もしてくれないんです。ただ入れて腰を動かすだけで。ちっとも気持ちよくないから、ムラムラしてくると運動で発散するしかないんです」

彼女の話を聞くと、ふだんはよっぽど淡白な性生活を送っているのでしょう。私をトイレに連れ込むほど欲求不満になっているのも、なんとなく納得がいきました。

「だったら思いきり感じさせてあげますから。遠慮しないで楽しんでください」

私は彼女を悦ばせるために、再び股間にむしゃぶりつきました。

「ううんっ、あんっ……なんだか変になっちゃいそうです」

舌を入れている割れ目から、愛液がさらに溢れ出てきました。それを舐め取ってやるたびに、彼女の声もなまめかしくなっていきます。

ただ、女子トイレの中なので、あまり大きな声は厳禁です。用心をしつつ彼女との淫らな行為を続けました。

「ああ……すごく気持ちよかったです」

たっぷりクンニをしてあげてから顔を離すと、彼女は満足そうに言ってくれました。

「じゃあお返しに、私もサービスしてあげますね」

今度は彼女が私の足元に屈み込んできます。そのまま私のジョギング用パンツをずりおろし、ペニスを引っぱり出しました。

「あら、もうこんなになって！」

勃起したペニスが飛び出すと、彼女はうれしそうに笑って私を見上げました。

実はトレーニングルームで彼女のお尻を見ていたときから、下着の中でペニスが硬くなりかけていたのです。

さすがに我慢していましたが、いまはガチガチに勃起しています。それも汗をかいて洗ってもいないので、相当にキツい匂いだったはずです。

それにもかかわらず、彼女はペニスに顔を近づけて匂いを嗅ぐと、うっとりとしていました。

それから舌を出してレロりとひと舐めし、唇を裏筋に這わせてきました。

フェラチオは妻に何度もしてもらっています。けっして下手ではありませんが、セックスまでの手順の一つとして、おざなりにやっているだけでした。

しかし彼女は妻とは違い、ペニスそのものをいとおしそうに舐めてくれるのです。

何度も唇をとがらせてキスをして、根元から亀頭まで丹念に舌を這わせてくれます。少しこそばゆいものの、濡れた舌でこすられる心地よさを感じました。

「日菜子さんは、こういうことをするの、好きなんですか？」

「ふふっ、どうでしょう。そう見えます？」

意味ありげに笑いながら、すっぽりとペニスを呑み込んでくれました。

彼女の口の中は、温かい唾液がたっぷり溢れています。そこに吸い込まれると、あまりの気持ちよさに、体がとろけそうになりました。

口いっぱいにペニスを含んだ彼女は、股間に埋めた顔を動かしはじめました。

最初はゆっくりと、歯が当たらないように唇を締めつけてきます。少しずつ動きが大きくなり、ほぼ根元まで咥え込んでくれました。

「ンッ、ンンッ……」

聞こえてくる、鼻にかかった色っぽい声がたまりません。

私たちがいまこうしている間も、妻は何も知らずにトレーニングを続けているはずです。そう思うと背徳感が高まり、ますます興奮してきます。

彼女も、もしかしたら同じ思いだったのかもしれません。私へのフェラチオはとても気持ちがこもっていて、休みなく舌と唇を動かしつづけていました。

「すごくいいですよ……口の中で舐め回されている感じが」

私が言うと、すかさずベロベロと舌を絡みつかせてこたえてくれます。

若いころの私であれば、こらえれきずにこのまま発射していたでしょう。それほどの快感が押し寄せてきていました。

私はされるがまま、彼女の容赦ないテクニックに耐えていると、突然トイレの外から女性の話し声が聞こえてきました。

私は思わず息を呑み、気配を殺しました。幸い女性たちはトイレには入らずに通り過ぎていきました。個室に隠れているとはいえ、万が一を思うと肝を冷やしました。

それでも彼女は、私がスリルを味わっている最中も、ペニスを咥えたまま離しませんでした。

よく平気でフェラチオを続けられるものだと、彼女の度胸にはあきれるやら感心するやら。私のような小心者には、とてもまねできそうにありません。

「あの、もうそろそろ……あまり時間をかけすぎると、さすがにまずいですから」

限界を迎えそうになったところで私が言うと、ようやく彼女もペニスを吐き出してくれました。

「じゃあ、ここで最後までしちゃいましょう。立ったままでいいですか？」

すると、彼女は先ほどのように壁に手をつき、お尻を突き出してきました。

狭いトイレの個室では、当然こうするしかありません。しかし、私は立ったままでのセックスなど初めてです。

勝手がわからないまま、お尻の谷間にペニスを近づけました。まちがって肛門に挿入しないように、慎重に割れ目に狙いをつけます。

「もっと足を開いて、お尻をこっちに向けてください」

「こうですか？」

二人で協力し、どうにか位置がぴったりと合わさると、私は彼女のお尻を引き寄せました。

するとペニスの先が、ぬるりとすべり込んでいきました。うまく穴に入ってしまうと簡単に吸い込まれ、あっという間につながることができました。

「ひっ！」

彼女はその瞬間に、キュッと膣を締めて小さな悲鳴をあげました。

私も思わず「おおっ」と声を出し、彼女の腰にしがみつきました。四十代の人妻とは思えない締まり具合だったのです。

「だいじょうぶですか？ずいぶん声が出てましたけど」

「すいません……久しぶりだったもので、ちょっと驚いてしまって」

どうやら久々のセックスで、体が思った以上に反応してしまったようです。

それにしても彼女の膣の締まりは、妻のものに比べ、はるかにいい感触でした。これもしっかりと体を鍛えているおかげでしょうか。

私がペニスを途中まで引き抜くと、濡れたピンク色の襞がいっしょに絡みついてきます。この感触がたまりません。

「あっ、ああっ……なんだか、こういう場所だと興奮しますね。んっ、あんっ」

彼女は私に抱かれながら、喘ぎ声混じりに話しかけてきます。

私も快感のあまり、つい力が入ってしまいました。ペニスを入れるときは奥まで届くように、強く腰を押しつけてやったのです。

「あっ、すごいっ！　そんなに激しくされると、大きな声が出ちゃいます」

彼女がとまどった声を出しても、私の腰は止まりません。

「遠慮しなくてもいいですよ。もっと大きな声を出しても……」

つい私まで、そんなことを口走ってしまったのです。

それほど女子トイレでのセックスに激しく興奮していました。思わず冷静さを失ってしまうほどのスリルと快感です。

「あっあっ、はぁんっ、ああっ……」

ひと突きごとに、彼女は前のめりになりながら、壁に向かって喘ぎつづけます。

立ったまま腰を動かすのに慣れてきた私は、片手で胸をわしづかみにし、もう片方の手でお尻をなで回しました。

たださわっているだけでは物足りません。ついでに軽く叩いてやったのです。

「あっ、痛いっ」

そう言って痛そうにしていたのは最初だけです。何度かお尻を平手で叩いていると、彼女は「あっ、あんっ」と叩かれるたびに喘ぎはじめました。

尻フェチの私が一度はやってみたかったプレイです。妻には無理でも、マゾっぽい彼女ならば受け入れてくれると思っていました。

次第にお尻が赤く染まってくると、彼女はすっかりスパンキングに病みつきになったようです。

「ああっ、叩かれると……気持ちいいです。もっとしてください！」

そうお願いをされ、ペシンペシンと音が響くくらい強く叩いてやりました。

私もそろそろ我慢の限界です。しばらくお尻を叩く手を止めて、再び彼女の体に強く腰を押しつけました。

膣内のペニスが窮屈なくらい締めつけられ、もうすぐ爆発しそうです。

「そろそろ、イキそうです……」

彼女は私の声に反応し、こちらを振り返って「外に……」とつぶやきました。

もちろん人妻を相手に中出しをするつもりはありません。最初から膣外射精をするつもりだったので、急いでペニスを引き抜きました。

そのときでした。彼女の体からペニスが離れると、彼女も私のほうを向いてしゃがみ込んだのです。

目の前にあるペニスを握った彼女は、射精直前にそれを頬張りました。

「ううっ！」

すばやく手でしごかれ、私は快感で思わず声をあげました。

ドクドクと口の中で激しい射精がはじまります。彼女の舌がペニスの裏側をこすり上げ、発射を促してくれました。

私が快感にひたっている間、彼女の唇はペニスをずっと吸い上げたままで、精液を出し終わるまで離してくれませんでした。

行為が終わると、すぐに私たちはウェアを着て、用心深くトイレをあとにしました。

急いで妻のいるトレーニングルームに戻ると、相変わらず楽しそうにおしゃべりをしながら、ランニングマシーンの上で走っています。

あまりに長い時間、彼女と二人で離れていたので、さすがに怪しまれているかと心配しましたが、まったく気づいていない様子でホッとしました。

私にとって日菜子さんは理想の相手です。セックスだけでなく、鍛えたお尻の魅力で私をとりこにしてくれます。

いまでも私たちは妻の目を盗み、ひそかに関係を続けています。

第三章 欲しがり奥様の濡れた艶穴に誘われ

近所に住む陽平《ようへい》くんのことは、幼いときから知っていました。娘が小さいころは、お兄ちゃんぶって、よく遊んでくれていましたが、だんだんと大きくなるにつれ、学業が忙しくなったり、思春期を迎えたりして、陽平くんは人見知りをするようになったようでした。

ところが最近になって、彼が朝のゴミ出しに出てくるようになり、顔を合わせることが増えると、次第に会話も弾むようになったのです。思春期を終えて大人になったのだなあと思っていました。

大学生になってから、朝寝坊で時間が不規則になっていると、彼のお母さんがぼやいていたことがあり、その対策として朝のゴミ出しをさせるようになったらしいのです。ご両親は共働きで朝も早いため、家事の手間が省ければ、一石二鳥なのでしょう。

久しぶりに近くでじっくり見てみると、なかなかのイケメンに成長していました。背もグングン伸びているようで、体格だけ見たら、一人前の大人の男に見えました。

「彼女はいるの？　イケメンだから、周りの女の子が放っておかないでしょうに」

なんてからかうと、顔を真っ赤にさせて首を振っていました。私には娘しかいないし、女の子はもっとませていますから、若い男の子のそんな様子がかわいく思えてたまりませんでした。

最初はゴミの分別の仕方さえ知らなかった彼に、いろいろ教えてあげたのが、会話をするようになったきっかけです。ゴミの出し方って案外難しくて、下手をしたら、近所の口うるさいおばさん連中から総攻撃をくらうかもしれないのです。私もそのうちの一人なんですが、彼はほかのご近所さんに出くわすと、挨拶だけしてすぐに立ち去ってしまうのに、私とだけは立ち止まって話をするのです。そんなふうになついてくるのが、よけいにかわいくて仕方ありませんでした。

あるとき、ごちゃ混ぜのゴミを仕分けしてあげたことがありました。しゃがんで作業していると、それを上からのぞき込むようにして見ていた彼の顔が接近しました。

この年になって、しかも専業主婦をしていると、夫以外の男性と接近することなどめったにないので、年がいもなくドキドキしてしまいました。その夫とさえ、最近は夜の営みがなくて刺激に飢えていました。

その日から、彼のことを異性として意識するようになり、顔を合わせるのがささやかな楽しみになったのです。

意識するようになってみると、なんだか、彼が私の出てくる時間に合わせているような気がしてきたのです。彼の家からは、ゴミ集積所が見渡せるはずでした。最初は、思い過ごしかもしれないと軽く考えていました。いくら親切にしてあげたからといって、こんなおばさんに会いたがるはずもないと思ったのです。

けれど、少し時間をずらしてみても、彼は絶妙なタイミングで現れるのです。

そうしてある日、やっぱり思い過ごしなんかじゃないって確信したのです。

寝坊して、いつもの時間よりだいぶ遅れてゴミ置き場に行くと、彼がきょろきょろしながら立っていました。

「おはようございます。今日は珍しくぎりぎりですね。ぼくも、寝坊しちゃって」

彼は偶然だと言いわけしていましたが、髪はきちんとセットされていたし、服装も寝起きには見えませんでした。

私のことを待っていたのだとしたら、そのまま別れるなんてもったいない気がしました。会話のなかで、お昼はいつもコンビニかカップ麺だと言っていました。

「それなら、たまにはうちでいっしょにランチなんてどう？　作りすぎちゃって」

彼を思いきって誘ってみました。娘は中学生ですが、放課後は塾に行って帰りは遅いし、その日は夫も一泊の出張に行ってしまい、時間を持て余していたのです。

学校は午後からと聞いて、少しくらいならつきあってくれるだろうと思いました。

「え？　いいんですか？　わぁ、うれしいな。じゃあ、戸締りしてきます！」

そう言って、彼は昼より少し前にやってきました。

ほんとうは、作りすぎたものなど何もなかったので、大急ぎで準備しました。食べ盛りの男の子らしく、おいしいと言って、あっという間に完食してくれました。

「デザートも作ったんだけど、講義に間に合わなくなっちゃうかしら？」

涼しい顔を取りつくろっていましたが、内心、引き留めたくて必死でした。

「いいえ、いただきます！　もう、今日はサボっちゃおうかな。お袋には内緒で」

そこまで喜んでくれるとは思ってもいませんでしたが、やっぱり自分になついているんだなとうれしくなりました。ニコニコしながらデザートを食べる彼の前に座り込んで、その顔を眺めていると、まだ幼かったころの光景が頭に浮かんできて、忘れていたエピソードが次々と頭に浮かんできました。

「昔、遊びにきたときも、そうやっておいしそうに、おやつを食べていたわね」

昔話をすると、彼も照れくさそうに微笑みました。

「その間に、娘にお乳をあげるんだけど、陽平くん、いつもじっと見つめてくるの」

彼は耳まで真っ赤にして、私の胸元をチラチラ見つめてきました。その反応が楽しくて、ついつい思い出話が止まらなくなってしまいました。

「だから一度だけ飲んでみる？ て聞いたら、うれしそうにお乳に吸いついてきたのよね」

当時、小学一年生だった彼には、スケベ心というよりも、まだお乳への恋しさがあるのだろうと考えて、それほど気にも留めていなかったのです。

「飲んでから、『なんだおいしくないや』って。フフ……かわいかったわ」

「覚えてないな。じゃあ、おばさんには、いまさら格好つけても通用しないですね」

苦笑いを浮かべて言いながら、さらにじっと、私の胸元に視線を送ってきました。

目の前にいる青年に、胸を吸われていたのだなあとあらためて考えていると、なんだかエッチな気分になってきて、乳首がジリジリと疼いてしまいました。

ふと見ると、彼の口元にデザートのクリームがついていたので、ソファに並んで座り、ティッシュで拭ってあげました。

「ウフ、こういうところは変わってないのね。こうしていると昔みたいだわ」

彼が恥ずかしがって、「自分でやります」と体を捩《ねじ》りましたが、その頭を抱え込んで引き寄せました。くすぐったそうに笑う彼とじゃれ合いをするうちに、体がぴったり密着して、ますますエッチな気分になりました。

「恥ずかしがらないで。たまには童心にかえるのもいいんじゃない？」

引き寄せた拍子に、バランスを崩した彼の顔を乳房に押しつけながら、抱きかかえていました。

あおむけに倒れた彼は、私の膝枕で寝そべる格好になっていましたが、抵抗して起き上がろうとするでもなく、頰におおい被さった乳房をじっと見つめてきました。

「あら、オッパイ見てる？　こんなに大きくなったのに、まだオッパイが恋しいの？」

冗談めかした口調で聞きながら、自分のほうこそ、さわってほしくてたまらなくなっていたのです。ブラの中の乳首は、彼の頰がこすれるたびにムクムクと硬くふくらんでいました。

彼が、私の顔を見上げながら観念したようにつぶやきました。

「正直に言います。ほんとうは、オッパイを吸わせてもらったのを、はっきりと覚えているんです。それを思い出すだけで……いやらしい気持ちになってしまうんです」

もじもじ動いている彼の下半身を見ると、股間が盛り上がっていました。

「子ども心に、いけないことをしたって思って。そう思うほど興奮しちゃうんです」

彼は柔らかい生地のスウェットパンツをはいていたので、ペニスの形がくっきりと浮かび上がっていて、体が痩せているぶん、よけいに大きく見えました。それを見たら、ゴクッと生唾がわいて、昂《たかぶ》った全身から汗が噴き出してきました。

「初めての夢精もオナニーも、おばさんのオッパイなんです。あこがれのオッパイです……」

いくら彼女が出来ないといっても、勝手に想像するだけなら、もっと若くてぴちぴちした女の子のほうがいいんじゃないかと思いました。

「こんなおばさんじゃなくて、かわいい女子大生が周りにいっぱいいるでしょう？」

そう言うと、首を振りました。

「若くてかわいい子も、もちろん好きです。でも、それと興奮するのは別なんです」

その告白を聞いて、ようやく彼の行動が腑《ふ》に落ちました。

ゴミ置き場で待ち伏せしていたのも、思春期に急によそよそしくなったのも、幼いころのその記憶のためだったのです。十数年前の自分の軽はずみな行動が、彼の性を目覚めさせてしまったなんて驚きでした。おまけにその後、何年もの間、彼の頭の中に自分のことが浮かんでいたことを知らされて、けっして悪い気はしませんでした。

「いまも、私のオッパイを思い出して、オナニーしたりするの？」

「は、はい。ごめんなさい。最近また、ゴミ置き場で会うようになったから……」

それを聞いただけで、子宮をぐっとわしづかみにされたような心地よさを覚えました。アソコが熱くなって、愛液がドロッと溢れ出てきてしまったのです。

彼はふくらんだ股間を手でおおい隠しながら、ほんとうにすまなさそうに何度も謝っていました。まさか自分が懺悔《ざんげ》したことで、目の前の熟女の股間をびっしょり濡らしているとは夢にも思っていない様子でした。

「いけない子ねぇ。どんなふうにやるの？　見せてくれたら、許してあげるわ」

いやらしい目で見てしまったことを反省している、純粋な彼の気持ちを逆手にとって言いました。

正直、すぐにでも襲いかかりたいくらい、ムラムラしていました。なにしろ、勃起したペニスを見るのは久しぶりだったのです。ただ、ご近所の大切な息子さんだと思うと、安易に手を出すのはためらわれて、ぐっと我慢していました。

まずは、オナニーをする姿だけでも見てみたくなったのです。二十歳の青年が、ほんとうに自分の体で欲情するのかしらと、興味津々でした。

「そんな……恥ずかしいです。でも、おばさんになら見られてもいいかな」

顔の上で乳房をユサユサ揺すりながら、ゆっくりとTシャツをまくり上げました。

「久しぶりに、オッパイ見る？　そんなに好きなら、これを見ながらやってみて」

まくり上げたTシャツからブラにくるまれた乳房が姿を現すと、彼は促されるまま、スウェットパンツの中に手を突っ込んでいました。

「あの日みたいに、吸ってみてもいいのよ。もうお乳は出ないけどね……ウフフ」

ブラの中から乳房を引っぱり出すと、彼はひたいに汗を浮かべながら、股間にもぐりこませた手を、上下に動かしはじめていました。

さすがに、母乳を含んでいたときよりも一回り小さくなっていましたが、それでもEカップの乳房は、プルルンと飛び出して、彼の顔面をおおいました。

「あのとき、かわいい手で、じょうずにもみながら吸っていたわよ」

空いていた左手を取って胸に導くと、遠慮がちに指先を沈めながら、感触を確かめるみたいにムギュムギュともんできました。

「ああ、夢みたいだ。まさか、またこうしてさわれるなんて。ハァ……柔らかい！」

十年以上経っているので、記憶の中で美化されていないか不安でしたが、彼は満足そうに頬を赤らめて、興奮気味に声を荒げました。

抱えていた頭をさらに引き寄せて、硬くとがってしまった乳首に押しつけました。

「これ、これなんです！　このいやらしい、デカい乳首が頭に浮かぶんです」

授乳期に肥大化した乳首はそのままのサイズで、感度は年々よくなっていました。最初は照れてとまどい気味だった彼も、それを見た途端、火が点《つ》いたように豹変して、いやらしくしゃぶりついてきました。

子どもみたいなピンク色の舌先が、乳首に纏《まと》わりついてきた瞬間、しびれるような気持ちよさが全身を駆け巡りました。

「ハ、ハァン、エッチな子ね。もっと強く吸ってもいいのよ、アアンッ！」

声をあげてしまい、あわてて唇を嚙みしめました。このあたりは閑静な住宅街で、特に日中は、噂好きで暇を持て余している主婦たちが、家の中で耳を澄ませているものなのです。声を押し殺すぶんだけ、熱くこもった互いの息づかいが伝わってきて興奮しました。

彼は乳首を吸いながら、パンツの中に入れた手を休むことなく動かしつづけていました。自分の体を使ってオナニーしている若い男を見るなんて、こんなにうれしいことがあるでしょうか。そうそうできる体験じゃありません。アソコがヒクヒクと痙攣しました。しかも、一から自分が教えこんだのだと思うと感慨もひとしおで、もっと気持ちよくさせたい、もっと興奮させたいという欲求がわいてきました。

夢中になって、いつの間にか彼の顔に乳房をムギュッと押しつけていましたが、顔面を圧迫してあげるほど、手の動きが速くなっていきました。

「ウウン、感じちゃう～、ちょっとお仕置きするだけのつもりだったのに。ハウ！」

とうとう手を伸ばして、彼の股間の硬いモノをスウェット越しに握り締めました。

「あ！　だ、だめです、おばさん！　待って、出ちゃうっ……」

私が握ると間もなく、スウェットの股間部分に、じっとりと精液がしみ出してきました。待ってと叫びたかったのは私のほうでした。私の体は火が点いたまま、オナニー鑑賞だけでは物足りなくなっていたのです。

どんな大サービスをしてでも、もう一度勃起させなくちゃって思いました。

「あら、おもらししちゃったのね！　しみが広がる前に、脱いじゃいなさい」

恥ずかしそうにためらう彼の手を取って、スカートの奥をさわらせました。

「恥ずかしがらなくても大丈夫よ。ほらさわって。私だって、もうビショビショよ」

彼の指先が、濡れたショーツの裂け目を這ってきました。

「ウフン、女も感じるとこうなるのよ。女のココは、まだ見たことがないの？」

コクンとうなずいて、私の愛液にまみれた指を自分の鼻先に持っていき、匂いを嗅いだり、まじまじと見つめたりしていました。

「私も脱げば、恥ずかしくなくなるわよね？　お仕置きの次は、ご褒美をあげるわ」

抱えていた彼の頭を離して立ち上がり、スカートをはいたままショーツだけをおろしました。胸を見ただけでも興奮するようなウブな男の子に、いきなり陰部を丸出しにして見せるのは、どぎついかなと思ったのです。

それに、万が一、訪問客があった場合にも、澄ました顔ですぐに出ていけるためでもありました。それくらいの用心深さとしたたかさがないと、主婦でありながら男遊びなどできません。ましてや、自宅のリビングでというぎりぎりのお遊びです。

イケナイ条件が揃えば揃うほど、体はゾクゾクと感度を増していました。

彼がじっとこちらを見つめながら、下半身をもぞもぞさせていました。

「さあ、脱がせるわよ……大人になった陽平くんのモノを、じっくり見てあげる」

スウェットパンツとトランクスを同時におろしました。ニョキッと飛び出したペニスは、射精したばかりなのに萎《な》えることもなく、硬い芯がありました。噴射された精液は、まるで練乳のように、こってりと幹や陰毛にへばりついていました。大きくしなくちゃと焦っていましたが、そんな心配は要《い》りませんでした。若い童貞男の性欲を侮《あなど》っていたようです。

薄く張り詰めた皮膚はまだ赤味を帯びていて、若さを感じさせましたが、形もサイズも、熟練の男に負けないくらいの、逞しさがありました。

「まぁ、立派になって。あっ、かぴかぴになっちゃう！　お口できれいにしてあげる」

私の行動に、驚いた顔をしている彼の返事も聞かぬまま、パクッと咥え込んでいました。わいてくる唾液を絡ませて、ズズッと奥まで呑み込みながら、舌でくるむように舐め上げました。

へばりついていた精液が溶け出し、唾液と混じり合って、糸を引くほどヌルヌルになりました。咥えながら見上げると、あどけなさの残る瞳をパッチリ開いて、私の顔を見つめていました。

「エ、エロビデオみたい……ああ、気持ちいい！　こんなにいいものだったのか」

さすがに、映像だけは学習済みのようでした。もっと彼を夢中にさせたいと思い、吐き出したペニスに乳房を押しつけました。

「うふん、かわいい顔してそんなもの見てるのね。パイズリは見たことある？」

両脇を締めて乳房を寄せると、その中心をくりぬくようにペニスを挟みました。

すると、活きのいいペニスは反り返って、胸の谷間でビクン、ビクンと跳ね上がりました。上半身を上下にゆっくり動かしてペニスをすべらせていると、柔らかい乳房に亀頭がめり込んできました。

「ぼくが見たのよりやらしいっ！　あこがれのオッパイで、こんなことされるなんて」

夫にさえ、そんなことをしたことはありませんでした。若くて感度のよい彼を相手に試していると、何をしても快感を覚えてしまうのです。

「ねえ、おばさんに教えて。エロビデオだと、このあとどうするのかしら？」

「えっと、フルコースだと、シックスナイン？　でもじょうずにできる自信ないです」

むしろ、下手くそなくらいが興奮するということを、うぶな彼は知らないようでした。スカートのすそをまくり上げて、彼の顔を跨《また》ぎました。太ももで頬を挟み込んであげると、両手でぎゅっと広げられてしまいました。スカートの中で、一人の世界を作ってあげれば、だんだんと遠慮しなくなると思ったのです。

案の定、好奇心のままに指でなでたり、つついたりしてきました。ビショビショになっている裂け目だけが、彼の視界をおおっているはずでした。

「やってみて」とお尻を振ると、遠慮がちに生温かい舌が伸びてきました。

「ここでいいのかな？　ど、どうですか……気持ちいいですか？」

オドオドしながら這い回る舌の動きに、たまらなく興奮しました。

「ウッ、フ〜ン、ハァ、ハァ、すごく、いい。アハァ、気持ちいいっ！」

たどたどしい動きを待ちきれずに、自分から腰を振って感じる部分を押しつけていました。そうしていると、彼の舌を使ってオナニーしているような気分になりました。毎日この顔に、好きなときに跨《また》がれたらいいのに。そんなぜいたくなことを想像して興奮しました。

「うわ、母乳みたいにしょっぱいおつゆが、いっぱい出てきます！」

彼の舌は、映像にはない味や匂いを求めて、徐々に大胆に激しく動き回りはじめました。味や匂いを知るほどに、口の中のペニスがどんどん反り返ってきました。

「クリトリスってどこですか？　女の人がいちばん感じるところなんでしょう？」

あどけない声で聞きながら、それを探って指や舌を動き回らせていました。

「そ、その上。もっと、ワレメの先に。アッ、アアッ！　そ、そこぉ！　感じるぅ」

探り当てられないもどかしさは、焦らされているような気持ちよさでもありました。

「それが、女のおち○ちんよっ！　おばさんの小さいおち○ちんも勃《た》ってるでしょう」

悶《もだ》える声に勢いづいたのか、クリトリスを舐めながら裂け目の奥の穴も探しはじめていました。ようやく見つけて指を突っ込んできて、その狭さに驚いていました。

「こ、こんなところに男のモノがほんとうに入るんですか？　信じられないな」

「あ、あ、あん！　入れてみたい？　アアッン、試してみてもいいのよっ」

その昔、「飲んでみる？」ってお乳を吸わせたときと同じように、誘ったのです。

「い、入れたい！　入れてみたいです！　ああ、でもどうすれば……」

起き上がった彼の膝の上に跨って座り、向き合う格好になりました。

「こうすれば、オッパイを舐めながら、ブチュッと突き刺せるわよ」

顔面に乳房を押しつけて腰を浮かせ、硬いモノを握り締めました。お互いにヌルヌルだったので、少し誘導しただけで亀頭がすべり込んできました。腰を落とすと同時に彼が腰を突き上げてきたので、一気に奥までめり込んでしまいました。

「今日は、陽平くんのドロドロのミルクを、おばさんにちょうだい！　アアッ……」

私は無我夢中で腰を振っていました。深い部分をえぐられて、何度イったか覚えていません。童貞のペニスは数回射精をしてもなお、折れることを知りませんでした。

「いやぁん、きりがないわ。またいらっしゃい。次に会うまでオナニーで我慢ね」

彼が家を出るときは、わざと大きな声で送り出しました。コソコソすると逆に目立ってしまうものです。だからって、あまり頻繁にできることではありません。彼のせいで最近は、私までオナニーの回数が増えてしまいました。でも、目と鼻の先に暮らしていながら自由の利かないもどかしさが、次の行為をさらに盛り上げてくれました。簡単にできないからこそ、こんなおばさんが彼にとっての、あこがれでいられるのかもしれません。

バツイチ子連れのパート主婦と仲よくなり久しぶりの肉幹の感触を思い出させて

村上英之　総菜店経営・四十歳

この前、十二回目の結婚記念日を迎えました。よく続いてるなあと我ながら感心します。べつに、妻に不満があるわけではありません。仲が悪いわけでもないし、今年四十一歳になる私は、いままで一度も浮気をしたことはありません。

しかし、倦怠期《けんたいき》というのか、数年前から妻へのときめきがなくなり、気がつけば夜の営みが一カ月以上ないことも、あたりまえになりました。これはまずいと思って、たまに夜のお勤めをするのですが、私も妻もなんとなく義務感でやっているような感じで、性の喜びなどというものとは程遠い感じです。

このまま自分は、仕事に精を出すだけの人生を送るのだろうかと思いはじめていたところ、思いもかけないことがありました。

相手は、うちの店で働いている愛佳《あいか》さんです。

うちは商店街のデリカテッセンで、ひらたく言えば総菜屋ですが、キャベツロールやマリネなどちょっと凝った総菜も多くて、自分で言うのもなんですか、なかなかの人気店です。裏のキッチンで三人のパートさんが料理をするのですが、時給もよそよりは少し高めで、そのせいか、だれかやめてもすぐに次が決まります。

愛佳さんは、そんなパート従業員の一人でした。

年齢は三十八歳、バツイチで、いまは中学生の娘さんと二人でアパートで暮らしています。料理が好きで結婚前は料理教室に通っていたらしく、三人のなかではいちばん新しい人なのに、とてもおいしい料理を作ります。まじめで、ちょっと病気がちの娘さんのために急に早退するときなどは、こちらが申し訳なくなるほどに平身低頭して謝ってくれます。そんな人柄もあって、ほかの二人もとても気に入ってます。

それに、なんといってもすごい美貌なのです。まだ二十代といっても通用しそうな若々しさで、体のほうも、とても出産した女性とは思えないほどです。

私は仕事中でも、つい彼女の姿に見とれてしまうことがあります。一所懸命に仕事している愛佳さんの後ろ姿を見て、その大きくて形のいいお尻が左右に揺れる姿に見入ってしまうのです。恥ずかしい話ですが、そのお尻に顔を埋《うず》めてみたいと妄想することもあります。愛佳さんが妻だったら、きっと倦怠期なんかないだろうなあと何度も思ったものです。そんなわけなので、ときどき愛佳さんが娘さんの具合が悪くて早退した日には、べつに頼まれてもいないのに、閉店後にあまった総菜を持ってアパートへ届けるようになりました。

そんなときも彼女はとても恐縮して頭を深々と下げてから、お金を払おうとします。

「大切な売り物を、タダでいただくわけにはいきませんから」

もちろんお金はもらいませんが、そうやってお金を差し出す姿はほんとうにいとしくて、いつの間にか私は彼女のことを、一人の女性として見るようになっていました。

愛佳さんのほうも、そんなことが何度も重なるうちに、私のことを見る目が少しずつ変わってきました。恋愛感情があるとは言いませんが、総菜を届けにアパートへ行くと、ドアを開けたときの彼女の目に、温かみを感じるようになりました。

なんとなくお互いに、店長と従業員という関係だけではない、もっと違うものがだよいはじめたなあと思いはじめたころ、思いがけないことが起こりました。

その日も愛佳さんは、予定より少し早めに仕事を終えて、早退しました。

娘さんの具合が悪いんですかと尋ねました。

「いいえ、今日はちょっと別の用事があって。すみません……」

ふだんと違って、ちょっと困った顔をしているのが気になりました。

そこで夜八時の閉店を待って、私は残った総菜をいくつか袋に入れて、いつものように彼女のアパートに向かいました。もちろん妻は、そんな私の行動を知りません。妻には、店に残って新製品の研究をしていると伝えてあります。

アパートの外階段を上がり部屋に近づくと、男の声がしました。愛佳さんの部屋でした。初めてのことだったのでびっくりした私は、ドアの前で思わず聞き耳を立ててしまいました。愛佳さんと男が玄関で言い争いをしていました。

どうすべきか悩んだのですが、愛佳さんが困っているように思えたので、私は思いきってドアをノックしたのです。すると中の話し声がピタリとやんで、ゆっくりドアが開きました。びっくりした顔の愛佳さんと男が立っています。

どうしたらいいかと、迷ってしまいました。

「あ、来てくれたんだ、ちょうどよかった」

愛佳さんがよくわからないことを言い出したのですが、私は話を合わせました。

「うん、まずかったかな。出直そうか？」

「いいの。紹介するわね、私、いま、この人とおつきあいしてるの」

いきなりそう言われ驚きましたが、何か事情がありそうなので、黙っていました。

「ああ、そう。そうかい」

男はとまどった顔をしました。ケンカでも吹っかけられるかと思って一瞬身構えましたが、男はそのまま、また連絡するからと言って出ていきました。

「ごめんなさい、へんなこと言って」

愛佳さんはホッとした顔をして深々と頭を下げました。

「いやいや、どうしたんですか？」

「別れた前の夫なんです。今夜は話があるからって言われて早く帰ったのですが、よりを戻したいっていう話を延々とされちゃって。困ってたところにご主人が来てくれて、思わずあんなこと言ってしまいました。ほんとうに失礼しました」

愛佳さんは、さも申し訳なさそうに身をよじって謝ります。

「いや、ほんとに大丈夫です。それより役に立てて、よかったです」

「いいタイミングでした。あの人、感情的になると暴力振るうから。今日もちょっと危なかったんです。手を挙げる前でよかった……」

どうやら別れた旦那さんは家庭内ＤＶが激しくて、娘にも手を挙げるようになったので、やむをえず別れたそうです。

私はいろいろと慰《なぐさ》めの言葉を言って帰ろうとしました。すると、愛佳さんは、さっきの男がそのへんで待ち伏せしているかもしれないと不安な顔をしました。

「お願いですから、少しだけ上がっていってもらえませんか。おつきあいしてると言ってしまった以上、すぐ帰ってしまうのはへんだし。それをあの男が見てたら、また何を言われるかわからないし……」

ほんとうに自分勝手なことばかりですみませんと、何度も頭を下げる愛佳さんを見て、私は正直、舞い上がってしまいました。意外な展開になってひそかに喜んだのです。

そのあと、部屋に入りました。愛佳さんが、お茶淹れますと言って準備を始めたので、私はドアに耳を近づけたり、ドアスコープから外の様子をうかがったりしました。すると愛佳さんも近づいてきて、不安そうな顔で耳を澄ましています。

「大丈夫ですよ、もし何かあったら、私が守ってあげますから」

「ありがとうございます。ご主人にそう言われると、すごく安心します」

「今日は、娘さんは？」

「別れた夫が来るので、友だちの家に行くように言いました」

気がつくと私たちは、向かい合って立っていました。愛佳さんの香りを感じて、ぞくぞくしました。そんな気分になるのは久しぶりでした。勝手な言いぐさですが、そのときの私は、愛佳さんを守れるのは自分しかいないと思っていました。

「心配しないで」

そう言いながら私は、目の前の愛佳さんの体を抱き締めていました。自分でも驚きました。愛佳さんはふっくらした体型ですが、身長は小柄です。なんだか私の腕の中にすっぽりおさまってしまうような感じでした。

愛佳さんは最初びっくりして、私の体を押しのけようとしましたが、それは一瞬でした。すぐに自分から体を預けてきました。それで思わず私のほうも、なおさらしっかり抱き締めてしまいました。

男というのは恐ろしいもので、その瞬間に私は、いまならこの人が自分の思いどおりになるかもしれない、そう思ってしまいました。あとで考えれば、あれは「魔が差した」というやつだったのかもしれません。

ともかく、もう後先考えることなく、私は自分の唇を愛佳さんの唇に押しつけていたのです。拒否はされませんでした。愛佳さんの唇も、それを待っていたように吸いついてきて、そのまま私たちはお互いに唇や舌をむさぼりました。

「大丈夫だからね」

何度もそう言うと、愛佳さんは「はい」と言いながら、ますます体をしがみつかせ、舌を入れてきました。

そうなったら、もう理性が吹き飛び、我慢できなくなりました。

服の上から胸をもみ上げると、思った以上にボリュームがありました。乳首が大きいのか、脱がせなくても手ざわりで乳首の場所がわかります。そこを指先で刺激されると、愛佳さんは切ない声を洩らして体をくねらせました。

「私、男の人にこんなことされるの久しぶりだから……へんになりそう」

「いいですよ、へんになってほしい。いっぱい乱れてる姿を見せてほしい」

「ほんとに？　軽蔑しませんか？」

軽蔑なんかするはずがありません。いつもはまじめで誠実な愛佳さんが、どんなふうに乱れるのか見てみたくて、私はすでに激しく勃起していました。

「さっき恋人みたいに紹介されて、すごくうれしかったです。今夜だけは恋人のつもりでいませんか。何も恥ずかしがらないで、思いきり自分をさらけ出してほしいです」

「そんなこと言われたら、ほんとに淫らな女になりますよ。いいんですか？　きっと幻滅すると思います。私、ふだんネコかぶってるから」

「幻滅なんかしません。愛佳さんの、ほんとうの姿を見たい」

「そんなふうに言わないでください、私、ほんとにダメになっちゃうから。こんなの久しぶりだから。あの、私の乳首……もうすごくとがってると思います」

愛佳さんの口から、そんな言葉が出るとは思っていなかったので、驚いたというよりも、ますます興奮してしまいました。

「乳首、感じやすいんですか？」

「はい、すごく。すぐに硬くなってしまって、恥ずかしいです」

「見せてくださいよ、愛佳さんの乳首、どうなってるのか見たいな」

「え、見たいんですか？　私のおっぱい」

「見たいです、いつも想像してました」と言うと、愛佳さんは恥ずかしがりながらも、自分でシャツのボタンをはずしました。思った以上に量感のある乳房が、白いかわいらしいブラジャーの中に、窮屈そうに押し込まれていました。

「乳首見られるの、ホントに恥ずかしい。笑わないでくださいね」

そう言ってブラのホックもはずし、上にずらしました。ボロンという感じで巨乳が飛び出ました。その先端の乳首は赤く腫れたように勃起しています。確かに、ふつうよりも大きくて、しかも勃起してかなり突き出ていました。

「すごい、いやらしい乳首なんですね」

「やだ、言わないでください……自分でもエッチだなあって思うんです」

「まじめでしとやかな愛佳さんが、こんなエッチな乳首してるなんて」

そう言いながら私は指先でそれを転がし、口に含みました。口に入れると、ますますその大きさがわかりました。両手で大きな乳房をもみながら、乳首を舐めたり吸ったりすると、愛佳さんは切ない声をあげて私の頭を抱き締めてきました。

私は、もう自分を抑えきれなくなって、愛佳さんのスカートをまくり上げました。白い清潔そうなパンティに包まれた下半身が露《あらわ》になりました。

「ああ、そっちも見るんですか。私のアソコ、見たいですか？」

「見せてください、すごく見たいです。いいでしょ？」

「でも、その、驚かないでくださいね、お願いですから」

何のことだろうと思いつつも、それは見てもいいという意味だと受け止めて、白いパンティをおろしました。愛佳さんをテーブルにもたれ立たせ、その前にしゃがむと、目の前にビッシリと生えた陰毛がありました。想像以上に濃くて量の多い陰毛でした。

でも、驚いたのは、太ももを開かせてその部分を見たときです。まだ触れてもいないのに、割れ目から小指の先ほどのクリトリスが飛び出していたのです。それは、とても卑猥でした。

「すごい！　ここ、大きいんですね」

「やだ、言わないでください。自分でもわかってるんです。私、小さいときからオナニー癖があって、乳首もクリちゃんもいつもさわってたから……きっとそのせいです」

まじめな愛佳さんがオナニー癖があるなんて驚きでした。想像もつきませんでした。しかも、そのせいでクリトリスがはみ出すくらいに大きいなんて信じられません。

「離婚してからは、ますますさわるようになっちゃって、毎晩してるんです」

「意外です。でも、自分の欲望に素直なのはいいことですよ、恥ずかしいなんて思わないでください。きっと感度もいいんですよね」

私は顔を埋め、舌先で大きなクリトリスを舐めました。愛佳さんは猫が鳴くような声をあげて、そこを突き出しながら、もっと大きく太ももを開きました。もっと舐めてくださいというようにアソコを突き出す姿に、ふだんまじめに料理している姿が重なり、私はもう夢中になってそこを舐めまくりました。

割れ目からは、ぬるぬるした愛液が垂れています。気がつくと、膝下までおろしたパンティの股の部分にも大きなシミが出来ていました。いったい、いつから濡らしてたんだろうと思いながらクリを舐め、指先をぬるぬるの穴に入れてかき回しました。

「ああぁ、それダメです、それヨワイんです。あああぁ、もう私、我慢できない」

いつもより高い声で泣くように訴える愛佳さんを、今度はうしろ向きに立たせました。お尻も見てみたかったのです。いつも想像していた大きなお尻が、目の前数センチのところにあります。むっちりと肉づきのいい、白いお尻でした。両手でつかんで左右に開くと、びっしょり濡れた割れ目と、濃い色のアナルが丸見えになりました。

「そんなところ見ないでください。そこ恥ずかしい……ねえ、お願い」

それでもかまわず割れ目に顔を埋めました。一度でいいからやってみたかったのです。尻肉の弾力が顔に跳ね返ってきました。すごく幸せな気分でした。思わず舌を伸ばして、アナルを舐めました。

「あ、ダメ！　お風呂も入ってないから汚いです」

「大丈夫、愛佳さんの肛門は汚くないです。ほら」

舌先をとがらせてアナルの奥まで突っ込みました。愛佳さんは「ダメ、やめて！」と言いながらお尻の割れ目を閉じようとして抵抗しましたが、そのうち抵抗するのをやめて、お尻を突き出し、私に身をまかせていました。

「ああ、そこ感じる！　お尻舐められるなんて初めてです」

「ここも気持ちいいんですね。自分でもいじるんですか？」

「恥ずかしいこと聞かないでください。でも、ほんとは自分でもさわるんです。別れた夫は前にしか興味なくて、お尻はしてくれないから、いつも自分でするしかなくて」

意外な告白を聞いて、私はますますその小さな穴を舐めまくり、そうしながら指で女性の穴の奥をまさぐりました。指から滴《したた》り落ちるほど愛液が溢れ出て、ぐちゅぐちゅと卑猥な音がしていました。

「肛門を舐められながら、アソコをかき回されて感じてる愛佳さん。すてきです」

「いやあ、恥ずかしい。こんな姿見られたくないのに。私、エッチなんです。ほんとうはすごくいやらしい女なんです」

そのうち愛佳さんは、自分の両手でお尻を左右に開き、アナルを丸見えにして私の顔に押しつけてきました。

「ずっとされたかったんです。こんなふうにお尻を責められたかったんです。お願い、お尻を舐めながら、アソコもいっぱいいじめてくださいっ！」

ふだん押し殺しているものを全部解放するかのように、愛佳さんが卑猥な言葉を言いながら、お尻をブルブル揺らして感じていました。お尻の肉が熱くなっているのがわかりました。アナルもヒクヒク動いています。まるで別人のようです。こんな姿は、想像もしませんでした。

気がつけば、床に愛液が垂れて水溜りになっていました。自分でオナニーするときも、そんなふうに垂らしているんだろうか。そんなことを考えてしまいました。

「お願いします……もう我慢できなくなりました」

「どうしたいんですか？　してほしいこと、ちゃんと言ってくださいね」

「ああ、恥ずかしいけど、言います。ご主人のアレを入れてください。いけないことだとわかってるけど、もうダメなんです、欲しくてたまりません」

「何が欲しいんです？　ちゃんと言ってください、愛佳さん」

「ああ、意地悪。でも、言います。お、おち○ぽです、おち○ぽ入れてください」

「いやらしいな、愛佳さんがそんなこと言うなんて」

「ごめんなさい。だって、離婚してから全然入れてもらってないし、もう毎日オナニーだけじゃ気が狂いそうなんです、本物のおち○ぽが欲しいんです！」

確かに愛佳さんは、したい盛りの女性です。たまには生のペニスで貫かれたいのでしょう。ふだんのまじめな仮面を捨てて、正直に卑猥な言葉でおねだりする愛佳さんが、とてもかわいらしく思えました。

「いいんですね、入れますよ」

正直に言えば、妻の顔が浮かびました。でも目の前に愛佳さんのむっちりしたお尻があって、アソコから愛液を垂れ流してるのですから、そこでやめられるはずがありません。私は迷わずズボンとパンツをおろしました。もちろん男性器は、上を向いていきり立ってます。そんなに勃起したのは久しぶりでした。

「ああ、すごい！　逞しいんですね、ご主人のおち○ぽ。早く欲しい」

テーブルに両手を突いたまま振り返った愛佳さんの顔は、いつもと違って、いかにも淫乱でした。でも、それもまたきれいで魅力的でした。この人は、こんないやらしい顔で男を誘うのだ。自分が奮い立つのがわかりました。

「早く入れて、お願いです。もうオナニーじゃ我慢できないんです。早くう……」

私は男性器を太ももの間に差し入れ、先端で愛液をすくいとると、そのまま大きなクリトリスにこすりつけました。亀頭とクリトリスが触れ合った瞬間、愛佳さんは悲鳴をあげました。そのまま先端でズリズリ刺激すると、信じられないくらい大量の液が溢れてくるのがわかりました。

「だめ、ほんとにおかしくなっちゃう。ねえ、入れて。思いきり突っ込んで!」

ちょっと力を入れただけで私のものはヌルリと入って、一気に奥まで届きました。

愛佳さんは声にならない声をあげて、自分からお尻をくねらせます。

「すごい、丸見えですよ。愛佳さんのアソコに私のがずっぽり入ってる!」

ゆっくり出し入れすると、ピンクの内側の肉がめくれて、すごく卑猥です。深く、浅く、強弱をつけながら動くと、愛佳さんの声は、ますます昂《たかぶ》っていきました。

「これが欲しかったんです。うしろからが好きなんです! 動物みたいにうしろから交尾されると興奮するなんて、すごく変態でしょ?」

「いいですね、大きなお尻をもっと揺さぶってくださいよ、すごく気持ちいい……」

「こう？　私のアソコ、具合いいですか？　ご主人のおち○ぽ、満足してますか？」

「最高です。こんなに締まりのいいのは初めてです」

「あああ、そう言ってもらえると、すごくうれしい！」

「ほら、こっちも好きなんでしょう？」

私はひくついてるアナルに指を這わせ、クリクリと刺激しました。愛佳さんはビクンと震えて、アナルをキュッとすぼめました。

「ああ、そこされたら、すごく感じる！　アソコとお尻の穴と両方責められるの、夢だったんです」

「ほら、指がずぶずぶ入ってく。愛佳さんの肛門が指を呑み込んでいきますよ」

「だめ……汚い。でも、我慢できない。されたかった、お尻を指でいじめてほしかった。私、すごく変態ですよね。こんな変態な女だなんて思わなかったですよね」

確かに思わなかったけど、でも、それはうれしい誤算でした。途切れがちな愛佳さんの声を聞きながら、私は奥をえぐるように動きました。

「変態な愛佳さんもすてきですよ、ぼくのち○ぽがすごく喜んでます。ほら、お尻の奥に入った指を、こんなふうに動かしたらどうです？」

指を動かすと、愛佳さんは背中を反らして大声をあげて反応しました。中で、男性器と指をこすり合わせるようにすると、「それダメ、力が抜けちゃう。頭おかしくなっちゃう！」と言いながら、お尻をくねくねさせています。

いま思い返しても信じられない光景です。あの愛佳さんが前後の穴を責められて狂ったように感じているなんて、もう夢のようです。

「ねえ、最後は前からしてください……」

愛佳さんはそう言うと、一度体を離し、テーブルの上に座りました。向き合って足を広げた愛佳さんのそこに、あらためてペニスをゆっくりと挿入しました。一つになったままでキスをすると、愛佳さんもまるで夫婦か恋人のように激しいキスを返してきました。ああ、この人は愛に飢えてるんだなあと、ふと思いました。

向き合ったまま腰を動かすと、もう一気にクライマックスがやってきました。

「ああ、もう私、イッてもいいですか？　いっしょにイッてください、お願い！」

そんなことを途切れとぎれに言いながら、愛佳さんは体をのけぞらせました。ピストンに合わせて豊かな乳房がブルンブルン揺れています。イクイクイクと何度も言いながら、愛佳さんは、ついに達してしまいました。

その様子を見ながら、私は急いで男性器を引き抜き、そして自分の手で最後の刺激を加えながら、愛佳さんの黒々とした陰毛に激しく射精をしました。

恥ずかしいのか、愛佳さんはしばらく目を合わせることなく、ティッシュで後始末をしていました。その様子がとてもいとしくて、この人がほんとうに奥さんだったら、どんなにいいだろうと思いました。

なんとなくぎくしゃくした感じで、その日は別れました。

でも翌日から、何事もなかったかのように、普通の顔をして愛佳さんは働いています。もちろん、いままでどおり、まじめで誠実な愛佳さんです。そして私のほうも、ふつうにやっています。妻との関係も相変わらずです。

でもときどき、仕事中に愛佳さんと目が合ったりすると、二人だけにわかるように目配せしたりします。

あのことは、もうあれっきりなのですが、でもまたチャンスがないだろうかと思っています。それはきっと、愛佳さんも同じではないかと思います。

ただ、お互いに根がまじめなので、どこかで遠慮し合っているのだと思いますが、でも愛佳さんのほうも、あのときのことが忘れられないのだということは、なんとなく伝わってきます。もしかして、あのときのことを思い返して毎晩オナニーしてるのだろうかと妄想しながら、次のチャンスを狙っているところです。

私は若いころからランニングが大好きで、五十代になったいまも毎日のジョギングを欠かしていません。

おかげで同世代の友人に較べても肉体は健康そのもの。体力も精力もギンギンです。もっとも、妻も子も住宅ローンもある身です。不倫や女遊びをする余裕もなく、正直に言えば、ムダに有り余るエネルギーを走ることで発散していたのかもしれません。

そんな、ある夏の日のことです。

私はいつものように夜のジョギングを楽しんでいました。コースは自宅から一キロちょっとのところにある大きな自然公園です。

夜は人がほとんど来ず、そのうえ薄暗くて、多少不気味といえば不気味なんですが、木々のなかを走るのは熱帯夜も忘れるほどの爽快《そうかい》さでした。

すると突然、背後から声をかけられました。

「あの、吉田《よしだ》さん？」

立ち止まって振り返ると、それはお向かいの奥さんの、淳美《あつみ》さんでした。

それほど深いおつきあいがあるわけではないのですが、顔を合わせればふつうに挨拶をするご近所さんです。

淳美さんは愛想のいい、少しぽっちゃりしたかわいい感じの美人で、私は日ごろから彼女には好感を抱いていました。歳は四十代の後半だと聞いていましたが、お肌などはつるんとしていて、まるで二十代のように見えることもあります。

「ああ伊藤《いとう》さんの奥さん。そちらも、ジョギングですか？」

見れば淳美さんも、ぴちっとしたランニングタイツをはき、シューズも本格的です。

彼女は、少し恥ずかしそうに答えました。

「ええ、実は、ちょっとダイエットしようと思って……あの、よろしかったらごいっしょしてもいいかしら？　ほら、ここ、暗くてちょっと心細いでしょう」

私は笑顔でうなずきました。淳美さんのような美人とならこちらも大歓迎です。

それがきっかけで、私たちは毎晩ジョギングをいっしょにするようになりました。

彼女のペースに合わせてのんびり走りながら、私たちはどちらからともなく雑談に花を咲かせるようになりました。話題はもっぱら、他愛もない家庭の愚痴です。

実のところ私には、おしゃべりよりも楽しみにしていることがありました。

それは、淳美さんの熟れたボディラインを、こっそり鑑賞することでした。

いつも近所で会う淳美さんは、体の線が見えないゆったりした服装ばかりなのですが、タイトなTシャツに、下半身のシルエットがもろに浮き出るランニングウェア姿になると、その印象がまるで変わるのです。

たわわなメロンのような爆乳は、一歩ごとにゆっさゆっさと弾み、タイツに包まれた大きなお尻は、左右にぷりぷりと誘うように揺れています。

思わず、ゴクリと生唾を飲むいやらしさです。

ぽっちゃりした肉づきも実にスケベったらしくて、なんとも抱き心地がよさそう。並走しながら、何度押し倒して、むしゃぶりついてやりたいと思ったかわかりません。

しかも彼女は雑談中に、ちょくちょく誘うような言葉をや仕草を交えてくるのです。

「ほら、わたしって、出っ尻でしょう？　もう少し痩せてお尻を小さくしたいの」

そう言いながら、自分のむちむちしたヒップラインを私に見せつけたりします。

「でも吉田さん、うらやましいわ。体が引き締まってらして。うちの人なんかもうお腹ぶよぶよで、裸になっても、おち○ちんが見えないくらいなの。なにしてあげてもボッキもほとんどしないのよ。でも、吉田さんはまだまだお元気そう……うふふ」

などと、露骨な下ネタも突っ込んできます。

もしかして、誘っているのかなと思うこともありましたが、勇気のない私は、しまらない照れ笑いでごまかすばかりでした。

その夜は、ひときわ蒸し暑い熱帯夜でした。風通しのいい夜の自然公園の中ですら、ムッする熱気と湿気がこもっていました。

いつものように私の横を走っていた淳美さんが、「あっ！」と叫んで倒れました。

「大丈夫ですか!?」

駆け寄ると、彼女は苦悶《くもん》の表情で唇を噛んでいました。

「脚が……ああっ……」

どうやら脚を攣《つ》ったようでした。こういうときの応急処置は心得ています。私は彼女を芝生に寝かせると、ゆっくりと水を飲ませました。

そのあとは、痙攣した脚の筋肉をほぐすために、マッサージとストレッチです。

前々からスケベな目で見ていた、淳美さんの体に堂々とさわれるチャンス。正直、そんな不純な思いもありました。

私は彼女の太ももに、そっと手を当てました。もっちりと肉づきのいいその下半身は、ランニングタイツ越しでもわかるほど汗に濡れ、熱くほてり、タッチしている私は、ひそかな興奮にぞくぞくしていました。

幸いにも、淳美さんの痙攣はさほどひどいものではなく、少しもみほぐしてやるだけで、筋肉のひきつりは治まってきました。

しかし調子に乗った私は、なおもべたべた、もみもみと彼女の脚をなでさすりつづけました。このすばらしい感触をあともう少し、楽しみたかったのです。

淳美さんは、拒絶しませんでした。いえ、それどころか、私のタッチにこたえて、「あふん、はあん」とかすかな甘い声を洩らしていました。

「さあ、もう少しストレッチをしないとね」

私は彼女を芝生の上にあおむけに寝かせると、片方の脚を胸のほうにたたませ、上からのしかかるようにして、太もものストレッチを施してやりました。

脚が攣ったときにはとても効果的なストレッチなんですが、人っ子一人通らない暗い公園で、リズミカルに彼女のむっちりボディを押さえつけていると、まるでいかがわしい行為をしているような気分になってきます。

ぐっ、ぐっとリズミカルに淳美さんの太ももを押している感覚は、まるで服を着たまま擬似セックスをしているみたいです。

気がつくと私のナニは、ランニングパンツの中でビンビンに勃起していました。

そして、興奮しているのは、私だけではありませんでした。

私に上からのしかかられた彼女もまた、すっかりソノ気になっているようでした。

まぶたも唇もとろんと半開きで、上から押さえつけられるたびに「はぁんっ、あはぁっ」と悩ましい声が、ガマンできなくなって出るのです。

淳美さんも、本気で欲情しているようです。

自分でも予期しなかったくらい突然に、私の理性のタガがはずれました。

私はいきなり、淳美さんの濡れた唇にむしゃぶりつきました。彼女もまた、私の首に腕を回して、夢中で舌を絡みつけてきます。

しょっぱい汗の味がする彼女の唇をむさぼりながら、私はTシャツの上からその爆乳を握りしめ、ちょっぴり乱暴に愛撫します。

「はふぅん、もっと……もっとぉ」

淳美さんは、さらに激しい刺激をおねだりしてきます。

私はゆっくりと、手を下半身へと這わせます。

ぴっちり密着したランニングタイツの股間へ、指を忍び込ませました。なめらかな繊維の上から、指の腹で女性自身をくすぐってやると、淳美さんは首をのけぞらせて、

「あっ、ああ……はうう……」と心地よさげなうめきを洩らすのです。

彼女は、もともと濡れやすい体質なのでしょう、タイツの上から敏感な割れ目をなで回しているだけで愛液をとめどなく溢れさせ、明るいグレーのタイツに、くっきりとスケベなシミが浮かび上がるほどでした。

「ああ、ああ、気持ちいいの。吉田さんの指、とってもじょうず。こんなにさわってもらったの久しぶりだわ。ああダメ、イッ……イッちゃうかもぉ！」

肌に張りつくようなタイツ越しの愛撫というのも、直接のそれとは一味違う快感があるようです。私が指で性感帯をいじくってやるほど、彼女はますます発情し、されるがままに股を開くのです。

私はもう我を忘れていました。人が来ない真っ暗な公園とはいえ、目隠しするものもない芝生の上で、淳美さんのととのった顔を舐め回し、次第に愛撫を激しくしていきました。

小刻みに動く私の指が、タイツの上からかすかに感じられる、コリッとしたクリトリスを探り当てました。そこを集中的に責め立てます。

「あーっ、あーっ、そっ、そこっ。そこがいいのっ。イヤぁっ、イク、イク、イクのぉっ。もう、もうダメぇーっ！」

屋外であることも気にせず、淳美さんはあられもない声をあげて、ビクンッビクンッと腰を激しくわななかせました。

私の指いじりで、あっさりと達してしまったようです。

彼女はとろんと潤《うる》んだ瞳で私を見つめ、ささやきました。

「ああん、すごかったわあ。吉田さん、すごくじょうずなんですもの。ガマンできなくて、イッちゃった……恥ずかしい」

「感じてくれて、ぼくもうれしいですよ。でも、続きがしたいな」

私は彼女の手を取り、股間でいまにもはちきれそうになっているムスコにさわらせました。

ランニングパンツの上からそこの大きさ、硬さを確かめるように、彼女は手で淫らにそのシルエットをなでさすってくれます。

それだけでも快感は十分で、私は思わず鼻息が洩れてしまいます。

なおも物欲しげに舌舐めずりして、彼女は目で少し離れたところにある公衆トイレを示しました。そこは、最近できたばかりの多目的トイレでした。

私たちは、いそいそとそのトイレの個室に入りました。

中は明るくて清掃も行き届き、広さも十分です。

ドアをロックすると、今度は彼女のほうから積極的にサービスをしてくれます。

「見せて……吉田さんの大きいの」

私がランニングパンツを脱ぐと、まるで青年のように逞しく膨張し、反った竿に青筋を立てたナニが露出しました。

彼女はしゃがみこみ、うっとりとそれを見上げました。

「あ、すっごい。こんなにピンピンになって……こんな元気なおち○ぽ久しぶりだわ。お味見しちゃっていいかしら？」

想像以上に、淳美さんは淫乱でした。飢えた牝犬がエサをむさぼるように、淳美さんは私のそれにむしゃぶりついてきます。

しかも彼女は、すばらしいテクニシャンでした。いきなり亀頭を責めず、まずは股のつけ根に顔を埋《うず》めるようにして、べちょべちょとタマ袋をねぶってくれるのです。

予想以上の強い刺激に、私はだらしなくのけぞり、「おおーっ」と感に堪《た》えない声をあげてしまいました。

「ああーん、しゅごい……汗臭くって、それにオトコのニオイがむんむんするわぁ。このニオイ、たまんないの。んむうーっ、ふうぅんっ！」

ランニングでたっぷり汗をかいた、私の陰部の臭気を堪能するように彼女は鼻を鳴らし、敏感な睾丸の急所をベロでくすぐってくれます。

タマの香りと味をたっぷり楽しんだ彼女は、いよいよペニスのほうへと唇を移動させていきました。

ただでさえ張り詰めきっていた私の竿はますます充血し、もう痛いほどでした。

彼女はその部分に、愛おしそうに頬ずりするのです。

「はあん、なあにこれ……大きいわあ。それに、こんなにカッチカチ。まるでスリコギみたい。ウチのひとのちっちゃいフニャチンとは大違いだわ。こんなすごいのとデキるなんて、夢みたいよ」

ピンク色の長い舌を出して、淳美さんはそこを丹念に、入念に舐め回しはじめました。竿の根元から先端に向かってべろり、べろりと舌を絡めたかと思えば、カリ首は舌先でチロチロとくすぐります。

先端の鈴口からは、すでに透明なガマン汁が玉になって出ていました。彼女はそっとそれを舌ですくい取り、その味に恍惚《こうこつ》としたように体をふるわせるのです。

「ううん、おいしい、おいしいわあ。元気なおち◯ぽの味……」

ガマンしきれなくなったように、いきなり彼女はち◯ぽ全体を、じゅぷぷっと咥え込みました。

温かい唾液でぬるついた彼女の口内に興奮し、いきり立つナニが包まれる極上の快楽に、私は「最高だよ！」と叫んでしまいました。

「だってぇ、こんなすごいおち◯ぽが、ずっと欲しかったんですもの……何時間でもしゃぶっていられそうよぉ」

淳美さんの献身的なフェラは激しく、リズミカルで、そのまま全身の精を吸い取られてしまいそうなほどの快感でした。

私は少年のような射精欲を懸命に抑えて、彼女の唇からナニを引き抜きました。

物足りなそうな表情の彼女を立たせると、今度は攻守交代です。

荒々しい手つきで淳美さんのランニングウェアを脱がせていきます。Tシャツの下はスポーツブラです。彼女の爆乳で布地がパツパツになっているブラをむしり取ると、さんざん私を誘惑してきた、あの巨大なおっぱいがぶるんと溢れ出ます。

日焼けしていない真っ白なふくらみの先端には、熟女らしく色素の乗った、乳輪の大きめな乳首が、すでに限界まで勃起していました。

汗にしっとりと濡れた巨大な乳房が揺れるさまは、この上なく刺激的でした。

「ほんとにいやらしいおっぱいをしてるね……淳美さんは。よその男の前でこんなものぷるぷるさせて、悪い奥さんだ」

私がそう言いながら、豊かな肉のかたまりをもみしだいてやると、淳美さんは甘えた声をあげて身をよじります。

「ああん……ごめんなさい。そうなの、私は夫では満足できない、スケベな体を持て余した淫乱な主婦なんです。よその旦那様のおち○ぽが欲しくて、ガマンできない変態女なんです。いやらしい淳美さんに、いっぱい、いっぱいお仕置きしてください」

興奮しきった彼女の肉体は、軽く乳首をつねってあげただけで、飛び上がるほど反応してくれます。夢にまで見た爆乳に顔を埋め、うっすら汗のにじんだ乳首を口に含んで、思いきり吸ってやります。

「くぅーんっ、それ好き。でも、もっと、もっと強くして。痛いくらいがイイの！」

要望どおり、乱暴に彼女の豊満な乳房を握りしめ、乳頭を指でキリキリ引っぱってやります。

彼女は苦痛に眉根を寄せましたが、同時に唇には心地よさげな笑みが浮かぶのです。

「あはぁーっ、それぇっ、痛いのがいいのぉっ！　もっとお、もっとよぉ！」

マゾっ気たっぷりの反応に、ますます欲情が猛ります。

おっぱいを嬲《なぶ》りながら、いよいよ淳美さんのランニングタイツへ、手をかけました。

ぴっちりした布地をつかんで強引に引きずりおろすと、派手なワインレッドのショーツが露《あらわ》になります。同時に、真夏の汗とメスの香りが混じり合った、ムッとするニオイが立ちのぼりました。

顔を近づけると、さっきの手マンでイッたときから溢れつづけている愛液で、ショーツのクロッチ部分が、ぐしょぐしょになっているのがよくわかります。

「こんなに濡らして。ほんとにスケベな奥さんだね」

「だ、だって……吉田さんが気持ちいいことばっかりするから。さっきから、欲しくて欲しくて……たまらないんですもの。ねぇ、もう待てないわあ。ちょうだい」

ハァハァと息を弾ませて、淳美さんは自分からショーツを脱ぎ捨てました。

くっきりと濃密なアソコの茂みと、もう手がつけられないほど愛液まみれになっているマン肉が、私の眼前にさらされました。

彼女は私を便座に腰かけさせると、大胆に腰の上に跨《またが》ってきます。

「ねえ、もう入れちゃうね……いいでしょ？」

私はされるがままでした。彼女は屹立している私のナニを握ると、上から自分の中へと納めていきました。

すでに濡れきっていた彼女のワレメは「ヌルン」と私の特大サイズのペニスを、あっさり呑み込んでしまいます。

対面座位で合体を果たした淳美さんの膣は、期待を上回る締めつけです。内側の柔らかな襞が亀頭のエラを絶妙にくすぐって、たまらない心地よさでした。

彼女は私にしがみついたまま、ぬっちゅ、ぬっちゅと腰を上下させはじめました。腕の中にある、むっちりした体の抱き心地のよさと合わさって、全身がとろけるみたいなセックスでした。

そして、快感に酔いしれているのは、彼女も同様でした。

「あはぁっ、これっ、これよぉ。ぶっとい、ガチガチのおち◯ぽぉ。これがずっと欲しかったのよぉっ。あーっ、おま◯この奥にゴリゴリきてるぅっ。おっ、おっ、しゅごいっ。亀さんの頭がすっごくイイところにこすれるぅっ。はぁ、はぁ、あぁーっ、好きぃっ。おち◯ぽ好きよぉっ。いっぱい、いっぱいしてぇっ！」

口から淫語を発しながら、濃厚なディープキスを繰り返します。私も彼女の乳首をつねったり、豊満な尻たぶを両手で思いきりつかんだりしてやります。

そのたびに激しい快感が加わるのでしょう、彼女は「ひぃっ！」「んぐぅっ！」と悲鳴ともなんともつかぬ声をあげるのです。

こうして女性に上からご奉仕されつづけるのも悪くありませんが、最後のラストスパートは、やはりこちらが主導権を取らなければなりません。

「後ろから突いてあげるよ。さあ、立って」

名残惜《なごり》しそうに私のナニを自分の中から抜くと、今度は自分が便座に手をついて、彼女は大きなお尻をこちらに突き出しました。

「あーん、待てないわあ……早く、早くぶち込んでぇ」

片手で自分の大陰唇を押し広げ、濡れて真っ赤になった膣肉を露出させ、お尻を左右にくねらせています。

「ほんとに欲張りな奥さんだ。ほら、入れるよ……」

私は立ちバックの体勢で、再び彼女の内部へと性器を押し込んでいきます。

「いぃーっ！　あーっ、バック好きぃっ！　すっごく奥までくるわぁっ！　これこれっ、これがいちばん好きぃーっ！」

歓喜のあまり、淳美さんは狂ったような声をあげました。

こちらとしても、腰が自由に動かせるバックのほうが、より快楽を得られます。

抜ける寸前まで腰を引いたり、そこから一気に根元まで突っ込んだり。そうかと思えば、短いストロークで小刻みな出し入れを楽しんだり、好きなように膣内の感触を味わいました。

ずっぷりと子宮まで貫かれるたび、彼女は「おひぃっ！　おひぃっ！」と叫び、とろとろした透明な愛液をあそこから滴《したた》らせるのです。真っ白なお尻は吹き出す汗にテラテラと光り、上気してピンク色に染まっていました。

いよいよ私にも限界が迫っていました。ゴールまであと一息です。ピストンに最後の猛ダッシュをかけます。

いままで以上の激しい出し入れに、彼女もぐうっと海老反り、膣がさらにきつく収縮します。

「こんな、こんな激しいの無理ぃっ！　ひぃぃーっ、おま○こどうにかなっちゃうっ！　あああ、イクっ、イクのおっ！　おっきぃおち○ぽに犯されてイッちゃうのおっ！　あなたもイクんでしょ!?　いいわっ……好きなところに残さず出してぇっ！」

私は淳美さんを背後から抱き締め、最後のひと突きを深々と繰り出します。同時に、自分でも驚くばかりの、おびただしい射精を果たしたのです。

まったく同じタイミングで、「ひぐぅぅっ！」と淳美さんも絶叫し、ぶるぶると全身をふるわせました。私がペニスを引き抜くと、逆流した真っ白な精液が彼女の女性自身からボタボタッと床に滴りました……。

淳美さんとは、それからもときどき、夜のジョギングと青姦を楽しんでいます。

吉田《よしだ》さんが私の経営するアパートに引っ越してきたのは、去年の二月のことでした。

彼女の旦那さんはとなり町で小さな町工場を経営していたのですが、資金繰りがうまくいかなくなり倒産。旦那さんは心労から倒れて入院し、家を売りに出したという話を不動産屋の人間から聞いていました。

いまの彼女はパートで生計を立てており、同情は寄せていたものの、家賃の支払いが遅れだし、三カ月滞納ともなると、さすがにどうにかできないかと交渉しにいきました。

吉田さんは四十八歳、清楚なタイプではありましたが、さすがにやつれた感があり、妙な色気があって、男心をそそらせました。

「吉田さん、困るんですよ。たいへんなのは重々承知してるけど、いい加減にどうにかしてくれないと」

「すみません、すみません……」

平謝りする彼女を目にしていると、優越感を覚えると同時に守ってあげたいという気持ちも込み上げました。

きっと、最初から彼女のことを女として意識していたんだと思います。

吉田さんに不幸な出来事が起こらなければ、接点を持てないほど魅力的な女性でしたから……。

「保証人に連絡するしかありませんかね」

「それだけは勘弁してください。これ以上は、迷惑かけたくないんです」

「そう言われましてもねえ……じゃあ、金を借りるあてはあるんですか?」

熟女は口を結んでうつむき、ほとほと困り果てた私は深い溜め息をつきました。

「はあ……どうしたもんかね」

「あの……」

「ん?」

「私にできることなら、何か……」

「できることって……」

「つまり……家賃の代わりになるようなことがありましたら、なんでも……するつもりです」

最初は言葉の意味が理解できなかったのですが、彼女が気まずげに目を逸《そ》らした瞬間、ハッとしてまさかと思いました。

「とにかく、来月はちゃんと払ってくださいよ」

そんなうまい話はないだろうと、その場をあとにしたのですが、もう気になって気になって、朝から晩まで吉田さんのことばかり考えていました。

そして翌月、またもや家賃の支払いが遅れ、私はドキドキしながら彼女の部屋に向かったんです。

熟女は青白い顔で部屋から出てくるや、いきなり頭を深々と下げました。

「ほんとうに、申し訳ありません!」

「えっ、ひょっとして……今月も払えないんですか?」

「あの、申し訳ないんですが、これだけ……」

彼女はスカートのポケットから茶封筒を取り出したのですが、中を確認すると、たったの二万円しか入っていなかったんです。

「いや、これじゃ、ちょっと……」

「なんとか、お願いします！」

彼女はひたすら頭を下げたのですが、この調子ではとても信用できず、私は厳しい言葉を伝えました。

「申し訳ないけど……これじゃ、出ていってもらうしかないよ」

「それだけは、勘弁してください！　いま、住む場所がなくなったら……」

吉田さんはそう言いながら涙ぐみ、私の手を握りしめました。

「なんでも、言うことを聞きますから……」

「なんでもって……」

ソープの甘い香りがただよい、下腹部の中心がカッと熱くなりました。

次の瞬間、彼女は私にそっと抱きついてきたんです。

目の縁ににじんだ涙、細いうなじ、ほっそりした体形とは対照的にこんもりした胸のふくらみを見ると、こらえきれない性欲が一気に噴出しました。

いま、このやつれた奥さんを抱いたら、いったいどんな反応を見せてくれるのか。

そう考えただけでズボンの中のペニスは膨張し、あっという間に勃起しました。

それでも彼女の真意を確かめるべく、生唾を飲みこんでから遠回しに探りを入れてみたんです。

「ちょっと信じられないけど、あんた、ほんとうにその気があるのかね？　本気なら、家賃の件は考えてやらんでもないけど……」

吉田さんはコクリとうつむき、けっして拒絶の言葉を返そうとはしませんでした。おとなしくて内気な性格を考えれば、まだまだ信用できず、さらに上擦った声で好条件を突きつけてみたんです。

「今月の家賃、けっこうですよ」

「……え？」

「これまでの滞納分も、チャラにしてあげてもいいんですがね」

「ほ、ほんとうですか？」

華奢《きゃしゃ》な肩がピクンと震え、顔を上げた彼女の目には確かに生気がよみがえっていました。

この様子ならまちがいなくイケるし、吉田さんは本気で体を投げ出すつもりなのだ。確信を得た私に、もはや迷いはありませんでした。

「ま、とりあえず、中で話しましょうよ」

「……あ」

吉田さんの手をつかんで室内へと強引に連れこんだものの、いまにして思えば、とんでもない行為ですよね。

訴えられたら、身の破滅を迎えるのは火を見るより明らかでしたから。

扉の内鍵をかけた私は、吉田さんをリビングに連れていき、思いきり抱きつきました。そして首筋に唇を這わせ、肌から香る甘い匂いをクンクン嗅いだんです。

「あ、やっ、ちょっ……」

「はあ、はあ、はあっ」

あのときの私は年がいもなく、完全に一匹の野獣になっていたのではないかと思います。彼女の言葉が耳に入らず、すべすべの肌をむさぼっては股間のふくらみを下腹部に押し当てていました。

「ま、待ってください!」

切羽詰まった声がようやく聞こえ、顔を上げると、吉田さんは目を合わせずに小さな声でつぶやきました。

「あの……ホ、ホントですか?」

「ん?」

「さっき言ったこと……」

熟女は先ほどの条件が真実がどうか、確認したかったようです。言葉の意味をすぐに理解した私は、満面の笑みを浮かべて答えました。

「ああ、ああ、もちろんだよ！　あんたさえよければ、来月以降の家賃をタダにしてあげてもいいんだよ」

「……え？」

「そう、月二回ならどうかね？　あんたにはそれだけの魅力があるんだから」

ここまで来たら、同意以外の何ものでもなく、浮かれた私は返答も聞かずに彼女の唇を奪いました。

ふっくらしたプリプリの弾力感は、いまだに忘れられません。

キスをしながら背中からヒップをなで回し、むちむちした豊かな尻肉の感触を堪能しつつ、私は心の中で歓喜の雄叫びをあげました。

おそらく吉田さんは、着痩せするタイプなのだと思います。胸に合わさるバストも予想以上に大きく、頭の中は早くも淫らな妄想でいっぱいになっていました。

「ンっ、ンっ、ンむぅっ」

彼女の体はガチガチにこわばり、この時点ではまだ受け入れ体勢はととのっていなかったのだと思います。弱々しい力で抵抗する様子がまた男心をくすぐり、脳みそが爆発するのではないかと思うほど昂奮しました。

なめらかな舌と甘い吐息をたっぷり味わい、清らかな唾液をじゅっじゅっと吸いたてただけで、ペニスが熱い脈動を打ちました。

「ンっ、ふっ、ふうっ」

キスをしたままグイグイと迫れば、吉田さんは後ずさり、自然に奥の畳部屋へと連れこむかたちになりました。

そのまま押し倒してスカートをたくし上げると、熟女は泣きそうな顔で身をよじりました。

「ま、待ってください……」

夫を裏切れないと考えなおしたのか、それとも女のプライドは捨てられないと思ったのか。突然の対応に眉をひそめた直後、彼女は掠《かす》れた声で心の内を訴えました。

「シャ、シャワーを浴びさせてください」

情事の前に汗を流したいのは、女性なら誰もが思うことで、ましてや初めて抱かれる相手なら、なおさらのはずです。

恥じらいながら告げる吉田さんの表情が性感を刺激し、男の分身がこれ以上ないというほどいきり勃《た》ちました。

もちろんシャワーなど浴びさせたら、かぐわしい匂いはすべて消えてしまいます。

もっともっと辱《はずかし》めて、人妻の困惑する表情を目に焼きつけたい。そう考えた私は彼女の懇願を無視し、スカートをウエストまでまくり上げ、ベージュ色の質素なショーツを引きおろしました。

「あ、ちょっ……」

「シャワーを浴びるのは、事が終わってからですよ」

「あ、いやぁ」

あらがう声は蚊が鳴くほど小さく、ショーツを押さえる手にも、それほどの力は込められていませんでした。

私はさほどの労力も使わず、下着を足首から抜き取り、吉田さんの下腹部を剝き出しにさせたんです。

「あっ、だめです」

ぴったり閉じられた足を割り開こうとしたところ、熟女はさすがに強く抵抗したのですが、もちろん男の力には敵《かな》いません。

「い、いやっ！」

両足の間にすき間が出来たところで、私は体を押しこみ、黒々とした茂みとその下にひっそりと息づく女肉に目をらんらんとさせたんです。

アーモンドピンクの陰唇はほっそりしており、ちょこんと突き出たクリトリスが愛らしく、さらに足を強引に広げると、肉の綴じ目がぱっくり割れ、赤い粘膜が露《あらわ》になりました。

「やっ、やっ」

「おおっ！」

ゼリー状の膣壁はねっとりし、明らかに愛液と思われる粘液がまとわりついていたんです。

「いい加減に覚悟を決めて、ちゃんと見せてくださいよ。それとも、滞納分を含めていますぐ家賃を払ってもらえますか？　いまなら、まだ後戻りはできますよ」

ドスのきいた声で最終通告すると、吉田さんはついに観念したのか、ためらいがちに足を開いたので、すばやく身を屈めて女芯を凝視しました。

「おやおや……なんですか、これ？」

私は意識的に言葉で羞恥心を煽《あお》り、上目づかいに様子を探れば、彼女は顔をそむけて唇を噛みしめていました。

恥ずかしさに耐える仕草が、これまたこちらのサディズムを刺激し、凄まじい高揚感に包まれたんです。

「ンっ！」

指でスリットをなで上げただけで、愛液が透明な糸をツッと引きました。

「吉田さん。ほら、見てくださいい。ネバネバしたものがたくさん出てますよ」

「くっ……」

彼女はけっして顔を向けようとはしなかったのですが、頬が紅潮しはじめ、私の股間をさらに奮い立たせました。

旦那さんは長い間入院しているため、当然のことながら夫婦の営みも途切れているはずです。

熟れた肉体は快楽を求めているのか、無我夢中で指を動かせば、女体が釣り上げられた魚のようにピクピクと弾みました。

「ンっ、ンっ、ンっ！」

彼女は相変わらず眉間にしわを寄せていましたが、愛液がとめどなく溢れ出し、体に火がついたのは疑いようのない事実でした。

「はあ、ふう、はあ」

このときは私の昂奮も頂点に達し、自制心を働かせるのは限界でした。

甘ずっぱい匂いがふわんとただよった瞬間、タガがはずれ、大口を開けて女肉に吸いっていったんです。

「あ、ンふっ！」

吉田さんは裏返った声をあげ、恥骨を上下に振り立てました。

私はここぞとばかりにヒップを抱えこみ、じゅっぱじゅっぱと唇をすぼめてクリトリスを吸引しました。

「ひっ、ひっ、ひぃあぁ！」

熟女は奇妙なうめき声を発したあと、口元を手で隠して嗚咽《おえつ》を洩らしました。

おそらく感じている表情を見られたくなかったのだと思いますが、その姿は私の昂奮を燃え上がらせるばかりで、意地でも彼女をエクスタシーに導こうと必死の形相でクリトリスを吸いたてました。

「おっ、ふっ、ふっ、おおっ、吉田さんのマン汁、甘ずっぱくておいしいですよ」

「ンっ、ンっ、ンっ！」

どれだけの時間をかけたのか、やがて下腹部の震えが全身にまで広がり、ヒップが畳からツンツンと浮き上がりました。そしてぶるぶると下半身をわななかせたあと、体から力が抜け落ちていったんです。

口元を愛液まみれにした私が顔を上げると、吉田さんはうっとりした表情で目を閉じていました。

まちがいなく、アクメに達したはず。そう確信した私は、シャツに続いてズボンとトランクスを脱ぎ捨てて全裸になりました。

ペニスは股間から隆々と突き出し、自分の目から見てもびっくりするほどの昂《たかぶ》りで、赤黒く鬱血《うっけつ》までしていたんです。

「はあはあ、吉田さん……」

私を彼女を抱き起こし、背中に手を添えた体勢から口元に勃起を突き出しました。

「しゃ、しゃぶってくれ」

「あ、あ……」

うつろな目がペニスに向けられた瞬間、うるわしの人妻は確かに口のすき間で舌を物欲しげにすべらせました。

「頼むよ。もう我慢できないんだ！」

「ンっ、ぷぷっ」

ペニスを口元に押しつけると、彼女は唇を開き、牡の証《あかし》をゆっくり呑みこんでいきました。

「お、おぉっ」

生温かくてヌルヌルの口の中はとても気持ちよく、私は無意識のうちに軽やかなスライドを繰り返していました。

「ほっ、ほっ、そ、そう……唇をもっとすべらせて……むんっ」

指示を出さなくても、吉田さんは頬をすぼめて吸引し出し、ペニスの芯がジンジンとひりつきはじめました。

驚いたのはその直後で、熟女はなんと、自らの股間に手を伸ばして女陰を慰《なぐさ》めはじめたんです。

予想外の悩ましい光景に、ペニスが限界まで張りつめました。

彼女はさらに舌までくねらせ、スライドの合間に裏筋や縫い目をチロチロと這いなぶってきたんです。

「ンっ、ンっ、ンっ」

「む、むむっ」

ぶっちゅぶっちゅと、口の中からいやらしい音が響き、小泡混じりのよだれがダラダラとこぼれ落ちました。

「も、もう我慢できん！」

「あ、ンっ」

口からペニスを抜き取った私は彼女の足の間に移動し、溶け崩れた割れ目に亀頭を押し当て、腰をグッと突き進めました。

「い、入れるぞ……」

「ひっ、ぐっ」

吉田さんは苦悶《くもん》の表情を見せたものの、カリ首がとば口を通過すると、体を反らして高らかな嬌声をあげました。

「あ、はぁあぁあっ！」

「お、おおぅ」

すでにこなれた膣肉がペニスを上下左右からやんわり締めつけ、あまりの気持ちよさに筋肉ばかりか骨までとろけそうでした。

無理をして、ゆったりしたピストンから結合の感触を楽しもうと思ったのですが、またもや驚きの事態が発生しました。

なんと吉田さんは恥骨を迫り上げ、両足で踏ん張る体勢から腰をグイグイと突き上げてきたんです。タイミングもバッチリで、巨大な快感の高波が次から次へと押し寄せてきました。

「おっ、おっ！」

結合部からずちゅんずちゅんと、卑猥な音がけたたましく鳴り響くなか、思わず身を屈めると、今度は首に両手が回され、さらなる腰の打ち振りで勃起をギューギューに引き絞られました。

「ぬっ、おぉ……」

「はあはあ、いい、いいっ」

私は腰をまったく使えずに括約筋を引き締めていたのですが、もちろんこのままイカされるわけにはいきません。そこで下腹部に力を込め、負けじと渾身のスライドを開始したんです。

「い、ひぃぃっ！」

バツンバツンと恥骨がヒップを打つ鈍い音が響き渡り、全身の毛穴から大量の汗が噴きこぼれました。

「はンっ、はんっ、やぁぁっ！」

吉田さんが泣き顔で身をよじるたびにペニスがとろとろの粘膜に締めつけられ、頭の中を七色の閃光が瞬《また》たきました。

「あぁ、いやっ、イクっ、イクっ、イッちゃう！」

「むうっ、お、俺もイキそうだ！」

「あ、あ、あ……イクっ、イクイクっ、イックぅぅっ!」

「ぬ、おおおっ!」

膣外射精するつもりだったのですが、お恥ずかしいことに自制できず、私は吉田さんの中に精液をほとばしらせてしまったんです。

放出したあとも昂奮は冷めやらず、私たちはシャワーを浴びたあと、すぐさま二回戦に突入しました。

彼女は性的な欲求と精神的なストレスが、相当溜まっていたようです。涙をこぼしながらすばらしい反応を見せてくれ、何度も絶頂に達していました。

それからというもの、月二回のペースで彼女との関係を続けているのですが、いまは「入金が少ない」と女房に怪しまれており、ごまかすのに四苦八苦しております。

実は私は婿養子で妻に頭が上がらず、浮気がバレたらたいへんなことになるのですが、吉田さんとのセックスの味が忘れられず、いまではこちらのほうが彼女に夢中になっているんです。

第四章 肉悦を知った女は新たな快楽を求め

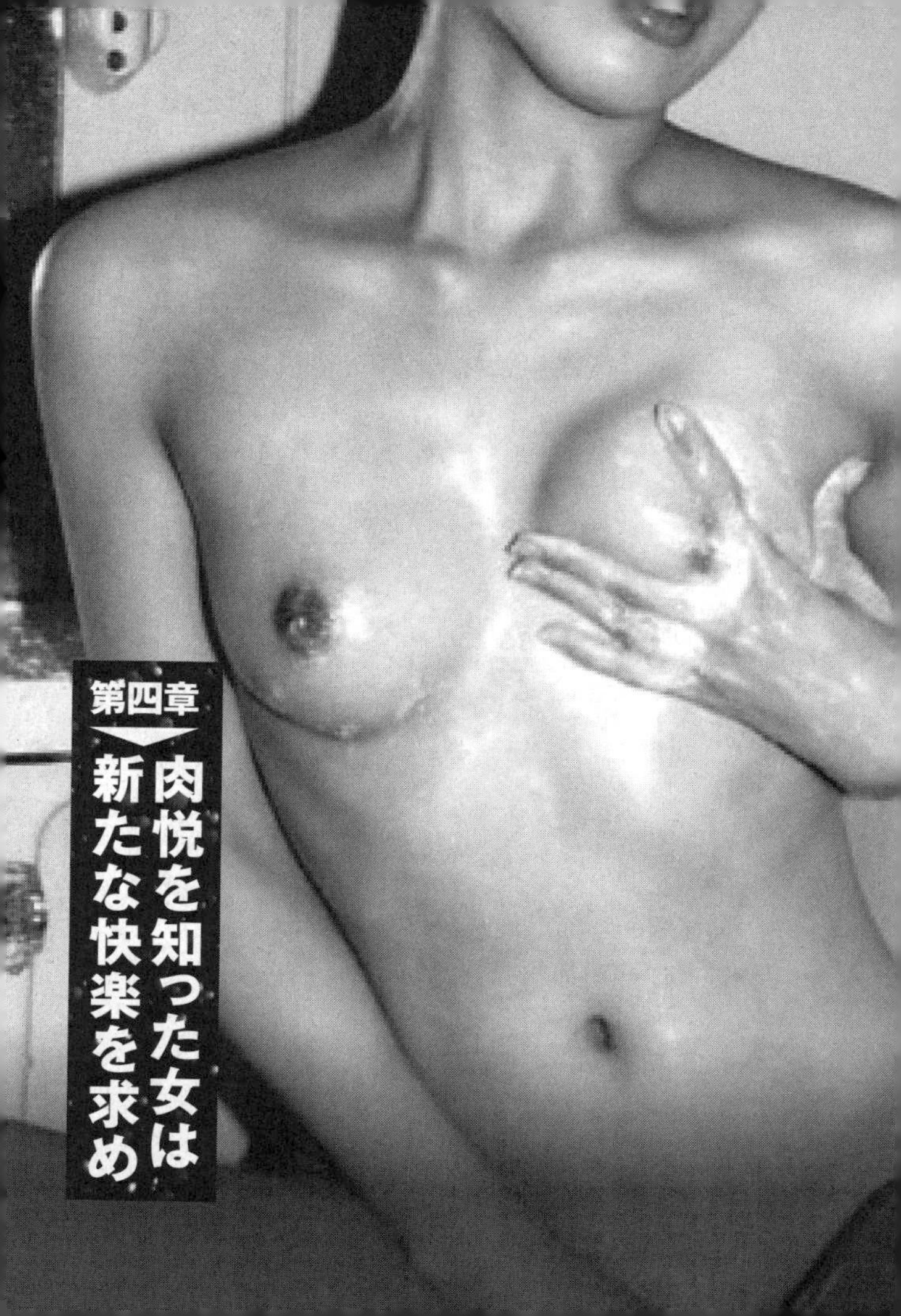

幼稚園の運動会で熟妻から誘惑されて妻には内緒で禁断の「托卵」セックス！

立石義一　会社員・三十四歳

私は、幼稚園に通う娘がいる父親です。

先日、幼稚園で運動会がありました。子どもの初めての運動会で、私を含む保護者たちは張り切っていたものです。

そのときにある園児のお母さんと、おかしな関係になってしまったのです。

私は幼稚園の先生方やほかの父兄に交ざり、テントの下で進行役を買っていました。かけっこで転んでしまい、膝から血を流した園児が運ばれてきたときです。救急セットを用意し、園児をなだめながら、手順どおりに初歩的な治療をしました。

「おや、泣かないね。えらいぞ」

「我慢してるんですよ。ほら、唇がプルプル震えてます」

母親らしい女性が茶化すように言いました。

母親はこうしたハレの日にふさわしく、ややフォーマルな装《よそお》いでした。白いジャケットにミニのスカートで、ほかのママさんやパパさんのように園庭で土まみれになるつもりはないようでした。

「美咲《みさき》ちゃんのパパさん、お久しぶりですね」

そのママさんが笑いながらそう言って、私は初めて女性を見つめました。

「ああ、六階の……たしか健斗《けんと》くんのお母さん。そうか、君は健斗くんか。ごめんな、すぐに気づけなくて」

同じマンションの、娘の同級生の家族だったのです。

「ほら、美咲ちゃんのパパよ。ごあいさつは？」

健斗くんのお母さん、津川《つがわ》さんは私に向けていたずらっぽく笑いかけました。

「最近、マンションの下に全然来られないですね……」

その年は同じマンションから幼稚園に通う同期の子が四人いて、毎朝園児とともに保護者四人が通園バスが来るまで下で待っているのです。最初のころ、私も母親たちに交じって娘とマンションの下で待っていたものでした。津川さんはそのころに知り合ったママさんの一人だったのです。

「父親はぼくだけだったでしょう。浮いちゃうし、話題についていけないし、ちょっとツラかったんですよ。それで、妻に交渉して代わってもらいました」

「あら、そうだったの。うふふ、私たち、ちょっとさびしがってたんですよ」

「純情なパパさんを、からかわないでくださいよ」

津川さんは妙に艶《つや》っぽい笑みを浮かべました。私がマンションの下で娘と待っていたときも、陽気に笑いながら微妙な冗談を口にする人でした。また、さりげないボディタッチの多い人でもありました。

「私たち、男親のパパさんが一人いるから、うっかりノーメイクで下に降りられなかったんです。うふふ」

そう言って、私の肩をたたくフリをして触れてきました。

小学生のお子さんも二人いて、たしか三十代半ばと聞いていましたが、白いスーツ姿で全身が引き締まって見え、二十代のように見えました。コロコロとかわいらしく笑うさまは、マンションの下で知り合ってからまったく変わっていませんでした。

そのときはそれで終わったのですが、運動会が終わり、後片づけをしているとき、津川さんがまた話しかけてきたのです。

「立石《たていし》さん、お疲れさまでした」

幼稚園の園庭で誰が私を苗字で呼ぶのかと振り返ったら、津川さんでした。

「お疲れさまでした。ふだん使わない筋肉を使うから、ヘトヘトになりますね」

「そんなお父さん、きっと多いですよ。あしたはみんな筋肉痛だわ。うふふ」

津川さんが周囲を見回しました。幼稚園のことなので、運動会が終わってもまだ午後二時を少し回ったところでした。

「保護者の何人かで打ち上げをやろうかって言ってるの。立石さん、参加しません？」

聞けば大した規模の打ち上げではなく、気のいいママさん同士で近くのファミレスでダベる程度のものでした。

「また父親は、ぼくだけじゃないでしょうね」

「たぶんそう。でも大丈夫よ。みんな美咲ちゃんのパパが来るって言ったら喜ぶわ」

気後れしていたのに、この言葉でなぜかスケベ心がわきました。女性に好意を持たれていると聞いて、うれしくない男はいないでしょう……。

子どもたちは、それぞれパパさんや祖父母が迎えにきていました。もともと、そういう段取りになっていたのでしょう。私も妻に連絡を入れると、快《こころよ》く娘を迎えにきてくれました。

ママさん五人と私の六人のグループで、近隣のファミレスに入りました。

ジャージ姿のママさんたちのなかで、白いスーツ姿の津川さんが、いくぶん浮いていました。津川さんのほかに同じマンションのママさんはいませんでした。

そこは廉価《れんか》なファミレスながらワインも充実しており、昼間からママさんたちは、わりと出来上がっていました。

「津川さん、ダメよ、こんなとこでウトウトしちゃ」

「そうよ。美咲ちゃんのパパ、困ってらっしゃるじゃない」

ソファ席で私の隣に腰かけていた津川さんも、いい調子に酔っていました。もともとボディタッチの多い津川さんのこと、平気で隣の私の肩に頭を預けてきました。

妻とは異なるシャンプーや香水の香りに、正直悪い気はしなかったのですが、状況を考えるとさすがに困りました。

「弱ったわね。津川さん、ほんとに寝ちゃいそう」

「先に帰っていただいたほうがいいかも。誰かお近くの方、いない?」

私は、おずおずと手を挙げました。

「ぼく、同じマンションです。送っていきましょうか」

ママさんたちの顔にホッとした表情が浮かんでいました。当然ですが、私たちを疑う様子はまったくありませんでした。

そのファミレスからマンションまで、歩いて十分ほどの距離でした。なんでもない道のりですが、しなだれかかってくるほろ酔いの女性といっしょだと、ずいぶん長く感じました。ただ、会話が途切れて気まずくなることはありませんでした。津川さんが妖しい口調で話しかけてきたからです。

「立石さん、家に美咲ちゃんとママさんが待ってるの？」

「いえ、家内の両親と食事に行ってます。ぼくは遅くなるから辞退したんです」

「あらー、私もいっしょ！　ダンナの両親が来てて子どもたちとオイシイもの食べにいっちゃった。ダンナの両親、張り切っちゃって、私だけ除け者。まあいいけどね」

「津川さん、ちゃんと歩いてくださいよ。ヘンに思われちゃいますよ」

しっかり支えていないと、危ないような千鳥足でした。

「いいじゃない。家にはあなたの奥さんも、私のダンナもいないのよ。うふふふ」

「……怖い冗談やめてくださいよ」

お酒が入り、ピンク色の冗談も過激になっていました。ただ、チラリと魅力的なアイデアのようにも思えました。

エレベーターに乗り、六階を押しました。津川さんの足元が不安だったので、私は玄関に入るのを見届けてから階段で自分の階に降りるつもりでした。このときまで私は津川さんのことを、魅力的でかわいいけれど困った奥さん、ぐらいにしか思っていませんでした。

「じゃあ今日はお疲れさまでした」

「どうしたの……？　入ってよ」

玄関に入るのを見てから私が言うと、津川さんは呂律《ろれつ》の妖しい口調で実に意外そうに言いました。

「ほら、早く。うふふ」

津川さんは私の手を取り、酔っているとは思えないほどの力で中に引き込みました。

私は自分が卑怯者《ひきょうもの》だと思いました。玄関を閉める前、振り返って周囲に視線がないのを確認したのです。

「酔ってる私が心配で送ってくれたんでしょう？　じゃあ、お風呂に入ってお布団に入るまで責任もって見届けてくれないと。あ、おトイレはだめよ。うふふ」

「だめです。おトイレもお世話します。なんなら拭いてあげますよ」

家の中に入った安心感なのか、自分で思ってもいない冗談を口にしていました。

「なんて冗談を言ってちゃダメです。ぼくは帰りますよ。おっと……」

津川さんがヨロリと崩れてきました。私は反射的に両手で抱きとめました。

「ほらぁ、最後まで面倒見てくれないと倒れちゃうじゃない。うふふ」

私は背中を支えていた手を下げ、白いスーツ姿のお尻に手を当てました。

「あら、どこをさわってるの、美咲ちゃんのパパさん？　うふふ」

「支えてるんですよ。しっかり立ってください」

私は手のひらいっぱいで、津川さんのお尻を強くつかみました。

ぴっちりした白いスーツ越しなのに、お尻は案外やわらかく、私は妻よりも小さめのお尻を二つともなで回し、もみほぐしました。

「うふふ、立石さんの手、すごく大きいのね」

「それは、パパさんと比べて？」

「うちのダンナは、そんな優しくなでてくれないの」

津川さんは目を細めて私を見上げました。

「顔もよろけそう。支えて……」

私は吸い寄せられるように顔を近づけ、唇を重ねました。

一線を踏み越えてしまった、そんな恐怖と興奮が私の頭をよぎりました。

唇を重ねると、すぐに津川さんは唾液まみれの舌を絡めてきました。

口中だけでなく、唇の周りまでベトベトになるような激しいキスでした。

ゆるりと唇を離すと、唾液の糸が引いてすぐに切れました。

「……健斗君のママさんとこんなことするなんて、思ってもいなかった」

「私はそんな気がしてたわ。マンションの下で幼稚園のバスを待ってたときから」

そう言って、うふふ、と妖しく笑いました。

「じゃあぼくはそのころから、健斗君のママさんに狙われてたんだ」

「そうよ。だから途中からママさんに代わったときは悲しかったわ。うふふふ」

津川さんは両手を上げて私の首の後ろに回しました。逃がさない、というジェスチャーでしょうか。

「立石さん、家族が戻ってこられるのはいつごろなの?」

「遅くなると思います。家内の両親にとって孫を独占できるチャンスですから」

「ウチもなの!」

津川さんは壁の時計に目をやりました。

「あと三時間ぐらいは大丈夫ね。酔った私をしっかり介抱してね。うふふふ」

軽い笑い声の中に緊張が伴っており、顔もいくぶん赤らんでいました。

ふと私は、あることに気づきました。

「津川さん、酔いが覚めたみたいですね。話し方がしっかりしてる」

津川さんの顔に一瞬、イタズラがバレた子どものような狼狽《ろうばい》が浮かびました。

「今日、こうなることがわかってたんですか、最初から？」

「……なんとなく前から考えてたけど、今日がチャンスだと思ったの。ファミレスでも、さりげなく立石さんの隣に行ったりして。うふ」

大して飲んだわけでもないのに、おかしいと思っていたのです。

津川さんは上目づかいで私を見つめつつ、目の前でゆっくりと白いジャケットを脱ぎました。薄ピンクのブラウスから、白いブラジャーが透けていました。

「立石さん、スカートをおろしてくれる？」

私は手を伸ばし、スカートのホックをはずしてファスナーをおろしました。白いスーツスカートは、室内でないと聞こえないぐらい小さな音を立てて床に落ちました。

ベージュのストッキングから白いレースのパンティが透けて見えると、私はブラウスのボタンに乱暴に手をかけました。

「うふふ、ちょっと前まで下の子のボタンをつけたりはずしたりしてあげてたのに。いまは立石さんが、私のボタンをはずしてくれるのね」

「……ぼくもそれ思ってました。なんだか娘が急に大きくなったみたいだ」

白いブラジャーと、ストッキングとパンティ。結婚以来、妻以外の女性と性体験はなかったので、知り合い程度の女性の半裸を間近で見るのは新鮮な驚きでした。

「ずるい。私だけ恥ずかしい格好させて……」

津川さんは笑みを浮かべて言いました。

「でも、どこで？」

二人とも裸になって、どこでするというのでしょう。さすがに夫婦の布団に入る気にはなれませんでした。AVのように、キッチンで立ちバックをする光景が目に浮かびました。

「うふふ、こっちに来て」

手を引かれ、リビングを出ました。連れていかれた部屋は、布団が二つ敷いてある和室でした。

「ダンナの両親が泊ってる部屋よ。ときどき来るから用意してあるの」

津川さんは並んだ布団の一つを両手でつかみ、掛け布団を剝ぎ取り、敷布団をひっくり返しました。

「これなら抵抗が少ないでしょ？　うふ」

シーツの掛かっていない敷布団ですが、たしかに誰かの布団を使っているという心理的な抵抗は少なくなります。

「美咲ちゃんのパパ、バンザイして」

私の着ていたシャツを脱がせると、津川さんは抱きついてきました。そうしてそのまま二人で裏返された布団に倒れ込みました。

「ああ、立石さん！　ずっとこんなこと、したかったの……」

あごを出し、津川さんは感極まったような高い声をあげました。眉根は寄せて苦しそうなのに、口元が笑っているのです。

私も強く抱きつき、背中に手を回してブラジャーのホックをはずしました。

妻とは見た目の異なる白い乳房に、私は夢中でむしゃぶりつきました。同時に自分のズボンとブリーフも手だけで大急ぎで脱ぎました。十数年前、童貞喪失を経験したときのように、ただわけもなくあせっていました。

「ねえ……私も、脱がせて」

ＡＶでしか聞いたことのない、煽情《せんじょう》的な声でした。妻との定例セックスは安心感と引き換えにマンネリズムに陥《おちい》ったものだったので、こんな妖しさや淫らさを覚えたのはずいぶん久しぶりでした。

私は体を下げ、両手でストッキングを脱がせました。白いレースのパンティは、性器のところが蜜液でにじみ、浅黒い陰毛がうっすらと透けていました。

「津川さんのオマ○コ、見せてください」

小さい声ながら、私ははっきりと卑語を口にしました。よその奥さんのオマ○コなどと口に出している自分自身に、優越感を伴う驚きを覚えました。

薄目の陰毛が、大陰唇に沿うように控えめに生えていました。妻ではない女性のそんなものを見ている実感が強くわきました。

再び体を重ね、津川さんと見つめ合い、またキスをしました。初めての二人なのに、それがなんとなく挿入準備完了のサインだとわかりました。

「……なんだか、夢を見てるみたいですよ」

私は、つぶやくように言いました。

息のかかるほどの距離なのに、まして誰も聞いているはずなどないのに、津川さんは口の前に人差し指を当てました。

「私は、夢がかなったんだわ。うふふ、ダンナとしてるとき、立石さんの顔、ときどき思い浮かべてたもの」

あっけに取られたのをよく覚えています。昼間、膝を擦りむいた息子を連れてきた健斗くんのお母さんが、そんなふうに私を見ていたとはという思いです。むろん、男としてはうれしいかぎりでした。

「じゃあ、夢の実現に協力させてください！」

不倫セックスなのに、ワザと謙虚な口調で言い、私はペニスの根元を持って津川さんの性器に当てました。身長も体格も妻とはちがうので、ほんのわずか、手間取りました。

「ああ……美咲ちゃんのパパが、入ってくる……うれしい！」

津川さんは文字どおり、夢見るような口調で言いました。

視覚だけではなく、ペニスの感覚からも、妻ではない女性に挿入しているのがわかりました。なにより、膣内のみずみずしいうるおいがちがいました。

「津川さんのオマ○コ、すごく気持ちいい……ぼくを歓迎してくれてます」

「うふふ、体は顔や言葉以上に正直なの。ああっ……」

ペニスの先が最奥に達すると、津川さんはあごを出して短い嬌声をあげました。

私たちは両手をWの字にし、十代のカップルのように両手の指を組んで絡め合いました。私はまた津川さんの乳房を舐め回し、同時にペニスの出し入れを始めました。

「これが……ああ、立石さんのオチ○チン……今日は、本物なのね」

うっとりした表情で津川さんはつぶやきました。私に訊《き》かせるつもりのない、独り言のようでした。亭主とセックスするとき、私を思い浮かべていたというのは、ほんとうだったのでしょう。

「津川さん、ダメです……このままだと、出てしまう」

私はピストン運動を止めないまま言いました。避妊具をしていないことを言ったのです。しかし意外なことに津川さんは、うっすらと笑みを浮かべました。

「うちは男女男の三人。でもダンナはもう一人欲しいって言ってるの……」

一瞬、なんのことを言ってるのかわかりませんでした。

「立石さんは、どっちがほしい？」

ネットで覚えた托卵《たくらん》という言葉が頭に浮かびました。

信じがたいほど不道徳な言葉なのに、私はそれで一気に燃え上がりました。

「なんてことを言うんですか。ぼくたちの子どもを、旦那さんに面倒みさせるなんて！」

ぼくたちの子ども、そんな恐ろしい言葉で津川さんを非難しつつ、私は激しくペニスを出し入れしました。

そのあと、ピストン運動をゆるめ、私はしっかり津川さんに抱きつきました。

「津川さん、下の名前は？」

「恵子《けいこ》よ。立石義一《よしかず》さん」

知り合いとはいえ、フルネームも知らない女性と性交していることに、強いタブー感を覚えました。

「どうして、ぼくの名前を知ってるんです？」

「そんなもの最初に押さえたわ、義一さん。うふふ」

私たちは、ゆるゆると上下逆になりました。あおむけの私に津川さんがおおい被さる格好です。津川さんは軽く周囲を見渡しました。

「うふ、不思議。見慣れた自分の家の部屋で、美咲ちゃんのパパさんが裸で寝てるなんて」

津川さんの乳房は釣鐘《つりがね》のように重く、胸からぶら下がっていました。

「んあぁっ、津川さんっ……！」

ふいにペニスをつかまれ、私は情けない声をあげてしまいました。彼女は自分の性器に導く前に、膣液で濡れたペニスをやんわりとこすってきたのです。

「うふふ、うれしいわ。義一さん、私のためにこんなに硬くしてくれるなんて……」

ペニスの先が膣口に入っていくと、妖しく笑っていた津川さんの顔が、再び苦悶《くもん》に似た表情に変わっていきました。

私はほとんど動かず、津川さんが丸いふっくらした腰を器用に動かして、ペニスは最奥まで入っていきました。私の妻は受動的なので、これは新鮮な体験でした。

津川さんは上半身をゆっくりと前後に動かし、ゆるいピストン運動を始めました。

「ああ幸せ……うふふ、立石さんを家に帰したくないわ。ずっとここに閉じ込めておきたいぐらい」

うれしくないわけではありませんが、ちょっと怖いニュアンスでした。やはりちょっと変わった感性のようでした。

ゆっくりしたピストンながら、私の射精衝動は次第に高まっていました。危険な環境でのセックスなので、本能的に急いでいたこともあったでしょう。

「……津川さん、ホントに中に出してもいいんですか？」

常識人で小心者の私は、高まる性衝動のなかでまた念を押しました。

「ええ。たくさん、たくさん欲しいわ。立石さんの、白いおしっこ」

どこかレトロで滑稽《こっけい》な言い方に、ほんの少し吹き出しそうになりました。

妻よりもひと回り小さな津川さんの腰をつかむと、私も津川さんの動きに合わせて自分の腰を動かしました。

「あんっ、あはあっ……ダンナと、ちがう……ちょっと細くて、長くて、硬い！」

女性の膣は、そんなに鋭敏なのかと不思議に思いました。

二人とも、配偶者でない異性と性交しているのを性器で実感していることに、わけもなく興奮を覚えました。

「恵子さん……恵子、出るっ……!」

「ああっ! 出してっ。義一さんっ、あなたっ!」

人妻の下の名前を呼び捨てにしながら、私は激しく射精しました。

最近の妻とのセックスとは比較にならない充足感を覚えました。

「うふふ、どっちの家も留守なのに、私の家に呼んだわけ、わかる?」

「……わかりません」

「女はどうしても、香水や整髪料の香りが残るから。うふふ……」

「……計画的犯行というわけですね。怖い人だ」

あれから二カ月が過ぎました。その後の密会を望んでいたのですが、あれから津川さんとの接触はありませんでした。

津川さんが妊娠したのかどうか、旦那さんが留守で子どもが幼稚園にいる時間帯を狙って、こっそり尋ねてみようと思っています。

私はれっきとした妻子ある身なのですが、在宅勤務で基本的に会社に行くこともなく家で仕事をしています。プログラマーと言っても私の仕事は少し特殊で、わざわざ出社してほかの社員に気を使うよりは、妻や子どものいない自宅で仕事をしたほうがよほど集中できるのです。

そんな私がいちばん気を使うことと言えば、なんといっても「ご近所づきあい」でしょうか。

妻子あるいい歳の男が、昼間から飯を買いに外をぶらぶらしているのですから、万が一にも誤解されては家族に迷惑がかかります。なので私は、妻以上にご近所の奥さんたちと積極的に交流するようにしていました。町内会の草刈などにも率先して参加し、「家で仕事してらっしゃる旦那さん」と見られるように努力しました。

おかげで、ご近所の奥さん連中とはすっかり顔見知りで、外で会ったりすると「今日はどこそこのスーパーが特売よ」などと教えてもらうほどです。まあ、私はあまり料理はしないほうなのですが。

磯辺幸子《いそべさちこ》と出会ったのは、私がいつものように仕事を一段落し、昼食を買いに出かけたときのことでした。おや、この近所じゃ見かけない顔だな、と気づいたのは妙に彼女が人目を避けるようなそぶりだったからです。

怪しい、というのではなく、誰かに声をかけられるのを避けているとでもいうようなな、どこかおどおどした雰囲気が気になってしまいました。

「ああ、それって先月引っ越してきた磯辺さんの奥さんじゃない？」

夕飯時に妻に聞いてみると、妻は事もなげにそう答えました。さすがは人妻ネットワークと言うべきか、女性同士の噂の伝達力には目を見張るものがあります。

そして引っ越してもう一カ月になるというのに、彼女はご近所づきあいというものをほとんどせず、かといってお高く止まっているわけでもなさそうです。

「人見知りの激しい人みたいね。まあ、なかにはそういう人もいるわよ。あまり詮索《せんさく》しちゃだめよ」

妻にはそう釘を刺されてしまいましたが、私だって在宅仕事が続くとたまには外の空気が吸いたくなるものです。そうして何度かスーパーやホームセンターで彼女を見かけるうち、どうにも心細そうな彼女の風情が気になってしまいました。

人見知りとはいっても、友人の一人もいないんじゃきっと不便に違いない。それが証拠に、彼女はホームセンターでもきょろきょろと所在なげにしているのです。

「あの、何かお探しですか。よかったらお聞きしますよ」

「えっ……」

できるだけ穏やかに声をかけたつもりだったのですが、それでもやはり私のような男性にいきなり声をかけられ、驚いたようでした。私はあわてて自分の家がごく近所であることと、名前や仕事を伝えました。

別に隠しだてするようなことでもありません。

「あっ、川田《かわだ》さんって、私、てっきり独身の方だとばかり」

「はは、昼間は妻は会社、子どもは学校ですしね。昼間は気楽な独身気分です」

それから何度か外で会って話をするようになると、彼女の人となりがわかるようになってきました。彼女は確かにかなりの人見知りでしたが、けっして人嫌いというわけではなく、新しい環境にとまどっていただけなのです。

そうして私なら彼女の力になれる、いや、なってあげたいと思うようになっていきました。妻も私と彼女が親しくしていることは知っていましたが、もとより私はご近所の奥さま方と良好な関係で、たまに何人かの奥さんをお茶に誘うこともあります。

だから気軽な気持ちで彼女との仲を深めていったのです。

「この前は、二丁目の中村《なかむら》さんに誘われて、ファミレスに行ってきたんです」

そう言ってうれしそうにしている彼女を見ると、私までうれしくなってしまいます。彼女にも少しずつですが主婦友が出来てきたようで、このぶんなら、ご近所に打ち解けるのも時間の問題だろうと思いました。

けれど、そのころからでしょうか。私はご近所の奥さんではなく、彼女一人をお茶に招く機会が多くなっていきました。最初はただ見かけたら声をかけてお茶に誘っていただけのつもりだったのですが、どうも私は無意識に彼女に対して知人以上の好意を抱くようになっていたのです。

なにをバカなことを、相手はご近所の奥さんだぞと、仕事に打ち込んでなるべく彼女のことを考えないようにもしましたが、そうするほどに控え目で言葉少なく、それでいて、たまに見せるあどけない笑顔の彼女の顔を思い浮かべてしまうのです。

また彼女のほうも、私の家に来ることに抵抗がなくなったのか、自分から「これもらい物なんですが、よろしければ」とお菓子や手作りの惣菜を持ってきてくれるようになったのです。

どうやら彼女のほうも、私に好意を寄せているらしい。そう感じると、もうそれ以上我慢することなどできませんでした。

そうはいっても、最初はリビングのソファで並んでお茶やお菓子を楽しみ、おしゃべりする程度でした。でもそのうちに膝が触れ合うほどの距離に座っても、むしろ彼女の方から身を寄せてくるような素振りを見せてきたので、私もごく自然に彼女の肩を抱き、唇を重ねていました。

もちろんそんなこと、妻子ある人間に許されることではありません。しかし私もまだまだ男ざかりの身、しかも幸いなことに、私の近所での評判は相変わらず。妻だって、これっぽっちも私の浮気心を疑う様子はありません。

そうなるとますます大胆になった私は、彼女と口づけをかわしながら太ももに手を伸ばし、その内側を愛撫したのです。

「あ……ん、ふぁ……っ」

「幸子さん、もう少し足を開いてごらん」

彼女は私に言われるままに軽く足を開き、私はその奥に手を忍ばせていきます。下着部分に指が触れたとき、びくっと彼女が身をふるわせましたが、抵抗はしませんんでした。

「少し、湿ってますね」

「は、恥ずかしい、です……」

けれど下着の上から指先を押し当てると、彼女のそこは確かにしっとりと湿っているのです。

私は彼女の首筋に舌を這わせつつ、じっくりと彼女の股間を責め立て、彼女は甘い喘ぎ声を洩らしつづけます。しかし元より人見知りで恥ずかしがりの彼女ですから、私がいくら感じさせても、なかなか自分からは積極的に動けないようです。

けれど、そうしたおくゆかしいところにも私は好感を持っているので、あえて彼女の手を取り、私の股間に当てさせました。

「あっ」

「幸子さんがあんまりかわいい声を出すから、ぼくのここが、こんなになってしまいましたよ。これ、どうすればいいと思いますか？」

「…………」

「好きにしてもいいんですよ」と耳元でささやいてやると、彼女はおずおずとジッパーを下げ、私のペニスを取り出しました。

それはもう十分すぎるほど勃起していて、彼女は少しひんやりした指を根元に絡めてきました。どうも彼女は自分の旦那さんにはこういうことをさせられていなかったのか、ペニスの扱いはとてもぎこちないものでした。

でもそういう慣れていない感じがまた彼女らしく、私のモノは彼女の手の中でますます大きく勃起していくのです。

「あぁ、すごく気持ちぃいですよ。じゃあ、ぼくも……」

「ひゃ……っ」

下着の脇から指を差し入れると、私の指はにゅるっと簡単に彼女の中に吸い込まれました。おとなしげに見えてもやはりそこは人妻、経験は十分にあるようです。一気に第二関節までねじ入れると、奥のほうはさらに熱く濡れていました。

くちゅっ、くちゅ、くちゅ……リビングに彼女の膣穴をかき回す淫らな音が響きます。彼女の手はまるで命綱のように、私のペニスを握っていました。

手慣れた奥さんなら、自分からペニスをしごいてくるところですが、そこまではまだ無理のようです。いえ、それどころか膣をかき回されるほどにビク、ビクッと肩をふるわせ、いまにも達しそうなのです。

「気持ちいいんですか、幸子さん？　イキそうですか？」

「……っ、あぁ……あぁあんっ！」

はっきり「イク」とは言いませんでしたが、そのとき彼女の肉穴が強く私の指を締めつけてきました。腰をぶるぶるとふるわせ、たしかに彼女は私の指いじりでエクスタシーに達してしまったのです。

結局、その日はペッティングだけで彼女をイカせてしまい、それ以上のことはできませんでした。でも私には確信があったのです、きっと彼女はまたうちを訪れてくれると。そしてそのとおり、数日後、彼女は手作りのクッキーを手に我が家を訪れたのでした。

「いつもありがとうございます。幸子さんのお菓子はおいしいので、私も楽しみにしてるんですよ」

「あ、ありがとうございま……あんっ」

お茶もそこそこに、私はいきなり彼女を強く抱き締めました。

スラックスの中のイチモツはすでに勃起していて、私はその日こそ彼女と結ばれたいと強く思っていました。子どもは部活で、妻も残業の予定です。まだ日も高く時間はたっぷりあります。

それになにより、腕に抱き締めた彼女の体はすでにほてっていて、彼女もその気だということを強く感じました。

「幸子さん……今日は、いいですよね？」

私の言葉に、彼女は小さくうなずき、私に誘われるままソファに身を横たえさせたのです。こうしてあらためて見ると、彼女の体は意外なほど丸みを帯びていて、人妻ならではの肉を感じさせました。

「きれいだよ」

「そ、そんな、私なんて……んんっ」

私は彼女におおいかぶさるようにして、唇を重ねました。舌で唇を割って絡めると、彼女は意外にも自分から私の舌を吸い、レロレロとしてきました。どうやらこういうキスはかなり好きなようです。

そのうちに息が荒くなってきたので、私はパンストを引き破るほどの勢いで下着を脱がせ、スカートをまくり上げました。

目を射るような真っ白な下半身、そこに黒々と茂ったアンダーヘアがとてもエロく感じられました。上も脱がせながら指で股間をいじってやると、そこはもうびっくりするくらいに濡れていて、彼女もきっと、ここに来る前から感じていたんだろうということがわかりました。

ブラをとられると、彼女の上も下も丸見えです。膣穴を指二本でくちゅくちゅかき回し、こりこり硬くなった乳首を思いきり強く吸うと、彼女は私の首に腕を絡めてきました。

「あぁ、恥ずかしい……」

カーテンを閉めているとはいえ、窓からはまだ明るい昼の日差しが差し込んできます。しかもここは私の家のリビング、ふだんは妻や子どもたちが家族と過ごす場所です。そんなところで、ご近所の奥さんとこんなことをしているだなんて。そう考えるだけで、私の興奮は何倍にも強くなりました。

「ふふふ、ずいぶん気持ちよさそうですね。このまま乳首責めと指だけでイカせてほしいですか」

少し意地悪くそう聞くと、彼女は恥ずかしそうに手で顔を隠し、聞こえるか聞こえないほど小さな声で「いや……おち○ちんで……」と言ったのです。

もちろん最初からそのつもりだった私は、彼女を組敷いたまま服を脱いでいきました。シャツとスラックスを脱ぎ、トランクス一枚になると、もっこりふくらんだ股間を手でさすらせました。

「すごい……すごく硬くて、大きい」

「これが、あなたの中に入っていくんですよ。いいですか？」

そう言って私は完全に全裸になると、彼女の片足を持ち上げました。それを自分の肩に乗せると、ペニスの先端を彼女のそこに当てたのです。彼女のそこはヌルヌルといやらしい汁で濡れていて、私はそれをたっぷりと亀頭に塗りつけました。

ゆっくりと腰を突き出すと、亀頭は彼女の中に沈んでいきます。しかし、そこから先は意外なほど狭く、私は体全体をのしかからせるようにして思いきって彼女に侵入しました。

「うっ、き、きつい……」

「あぁあ～っ、は、入ってくるッ」

そう言えば、彼女には子どもがいないことを、そのとき私は思い出しました。この膣のきつさは、そのせいかもしれない。これだけたっぷりの愛液がなければ、とてもそれ以上奥までは入れられなかったでしょう。

けれどそこは人妻の肉穴、少々強引に腰を沈めると、ズブズブと彼女は私の勃起したものを受け入れていったのです。

「あぁあっ！」

ついに根元までめり込ませた瞬間、彼女は大きく身をのけぞらせ、太ももが私の腰を強く挟み込んできました。彼女の中はますます熱く濡れ、私のすべてを受け入れてくれました。

人見知りの激しい、おとなしい人妻からは想像もできない、淫らな膣。そのギャップに私はますます興奮し、根元まで挿入した状態で、彼女を強く抱き締め、唇を激しく奪います。

むちゅ、ちゅっ、むちゅっ……互いの舌が絡み合うなまなましい音、そして荒い息遣い。日差しのなかでうごめく人妻の白い手足。何もかもが現実とは思えないほど美しく、そして淫らな光景でした。

「いいですよ……幸子さんの中、すごく気持ちいい。幸子さんはどうですか、ぼくのち○ぽは気持ちいいですか？」

私が耳元でそうささやくと、彼女は恥ずかしそうに顔をそむけました。けれど、やがて蚊の鳴くような小さな声で「いい……です」と答えたのです。

「よく聞こえませんよ、もっとはっきり言ってください」

「いい……お、おち○ぽ気持ちいい、です……っ」

さっきより明瞭な声でそう答えると、彼女の膣がまた強く締めつけてきました。

私は身を起こすと、今度は彼女の両脚を持ち上げました。そうなるともう彼女の股間に、私のペニスがねじ込まれた部分は丸見えです。青白い太ももの内側に黒く茂るアンダーヘア、その光景をたっぷり目で味わってから、私は両手で彼女の腰を強くつかみました。

「あっ、だめ……」

私の意図を察したのか、彼女は小さくそう叫びました。けれどいまさら止められるわけもありません。私は無防備な人妻の股間めがけ、猛烈なピストンを浴びせかけたのです。

「ふぁぁあっ！　あっ、そんな、ダメ、激し……」

ずぶっ、ずぶっ、ぬぽっ、ぬぽっ、勃起したペニスで彼女を貫き、また引き抜き、また打ち込んでいく。その動きを繰り返すたび、彼女の股間からは透明な液体がしぶきとなってソファに飛び散りました。

そしてあたりにただよう女の匂い。頭の隅で、あとで掃除と消臭しておかないとと思いつつ、私は腰を振り立て、一心不乱に彼女を犯しつづけました。

「だめぇ……こんなの、気持ちよすぎ……」

「ぼくも、気持ちよすぎてどうかなりそうです。あなたのま○こ、とろとろにとろけて最高だ」

「ん、んふぅう……っ」

もういまにも達しそうだというのに、それでも彼女はそれ以上の大きな喘ぎ声は出しませんでした。でも感じまくっているというのは、膣の締めつけで十分にわかりました。

そして私自身も、昼下がりの人妻との情事というシチュエーションに興奮しすぎたのか、早くも射精感がこみ上げてきたのです。

「あなたの中がよすぎて、もう射精しそうです。このまま、このままあなたのま○こに出してもいいですか?」

しかしさすがに彼女は小さく首を振りました。考えてみれば、いくら好意を持たれているといっても、そのまま中出しというのはあまりに非常識です。

こんなことをしていまさら常識も何もないのですが、私も妻子ある身です。初めての不倫セックスで中出しはためらわれます。しかし射精感は、もうこらえ切れないほどに高まっていました。

「くっ!」

ペニスを引き抜くと、私は股間を彼女の顔の前に突き出しました。同時に猛烈な快感がこみ上げてきて、亀頭からドビュドビュッと濃厚な精液が噴き出し、彼女の顔中にぶちまけてしまったのです。

びしゃっ、びしゃっと私の汁が、彼女の額はもちろん頬や唇にへばりつきました。あの人見知りな彼女の顔を自分の精液で汚してやったという達成感を感じていると、彼女は当然のように口をあけ、私のモノを咥えてくれました。

「ん、ん……おいひい……精液、おいしい、です……」

それからも、私と彼女の秘密の関係は続きました。

あれから妻にも、ご近所の奥さまにも疑われることなく、たまにはほかの奥さんもお茶に招待したりしましたが、そんなときの私は内心「じつは磯辺さんとこのリビングでヤリまくっているんですよ」という優越感にひたりました。

「あの……これからは、な、中で出して大丈夫です……」

彼女がそんなことを言い出してからは、安心して中出しするようにもなりました。

外では彼女は相変わらずおとなしく引っ込み思案のようですが、私と二人きりになると、少し大胆になるようです。私もそんな彼女に興奮し、いやらしい体位で彼女を犯すのが楽しみになりました。

たとえばリビングでセックスするにしても、私は彼女をサッシ窓のほうに連れていって両手をつかせます。そして後ろに突き出した尻をつかみ、立ちバックで激しく突き入れてやるのです。

「あぁっ、こんな格好恥ずかしいです……」

そう言いつつ、彼女の股間はいつになく愛液を垂れ流すのです。カーテンは閉めているので、外から私たちの姿は見えません。

「ふふ、もし、いまこのカーテンを開けたら、ぼくたちが繋がってるところ丸見えになってしまうね」

「あぁ……」

わざとそんなことをささやくだけで、彼女は腰をふるわせ、軽い絶頂に達するのです。いまにも膝が折れそうになるのを無理やり立たせると、私はわざと乱暴な腰つきで彼女の股間を突き上げました。

日ごろからおとなしく控え目だからでしょうか、彼女はそんなふうに受け身で犯されるのが大好きなようです。私は彼女の右手を、股間に持っていってさわらせました。

「どうです、ぼくのち○ぽがあなたのま○こに入ってるのがわかるでしょう? こんな真昼間から、旦那以外のち○ぽを、しかもこんな恥ずかしい格好でハメられて悶《もだ》えてるなんて、ほんとうにいやらしい人妻ですね」

「そんなこと言わないで……あふっ、深いぃぃいっ」

膣肉がびくびく震え、また達したのがわかりました。愛液はもう彼女の内腿や、私の下半身にまで垂れています。

こうなるともう私も我慢できません、彼女の爪先が浮きそうなほど強く腰を突き上げ、子宮に届けとばかりに奥の奥まで亀頭をねじ入れてやります。

「そんなおとなしそうな顔してるくせに、ほんとうにいやらしい人だ、あなたは。そんないやらしい奥さんには、中出しがふさわしいと思いませんか？」

「は、はい。中出し、中出しされたいです。どうか、私のおま○こにいっぱい精液を注ぎ込んでください……」

そう言って息を荒げる彼女を見ていると、ふと彼女と旦那の夜の生活が気になってしまいました。

彼女の旦那は一見おとなしく控え目な彼女を、どんなふうに抱いているのだろう。彼女がこんな扱いを受けて悶え喜んでいるのは、いつも旦那にも同じようにされているからなのか。それとも旦那から得られないものを私に求めているのか。

目の前で喘ぎ乱れている彼女を立ちバックで突き上げながら、私はなんとも言えないジェラシーと興奮に駆られるのです。

私は彼女の旦那にはできなかったことをしてきた。ご近所の人間として彼女の友人となり、いまこうして彼女を女として抱くこともできた。その意味では、私のほうが上なのだと自分に言い聞かせながら、私はいっそう激しく腰を振るのです。

「そろそろっ、出しますよ、ま○この奥に……っ」

「は、はい、あ、あぁ〜っ」

「ううっ、出るっ！」

熱い迸《ほとばし》りが彼女の中に注ぎ込まれると同時に、彼女は腰をひくひくふるわせ、絶頂に達しました。一滴もこぼすまいと膣肉が強く締まるのを感じると、またペニスが力を取り戻していくのがわかりました。

「あ……また大きく」

「ええ、今日はなんだかまだまだヤリ足りない感じで。時間は大丈夫ですか？」

そう言うと、彼女は顔を少し赤らめて小さくうなずきました。

彼女も一回の中出しくらいでは満足できないくらい欲情しているのだと思うと、なんだかうれしくなってきました。私はせっかく中出しした精液がこぼれないよう、彼女の膣にティッシュを数枚詰め込むと、下半身丸出しのままの彼女を寝室に連れ込んだのです。

「えっ、ここって、川田さんご夫妻の寝室じゃ……」

「ええ、今日はここで第二ラウンドといきましょう」

夫婦の寝室といってもベッドは二つあり、私は自分のベッドにあおむけになりました。股間のモノはすっかり回復しています。私は彼女を手招きし、自分の腰に跨《またが》らせました。股間のティッシュを抜いてやると、トロリと白い液体が彼女の股間から垂れてきます。

「ところで幸子さん、最近旦那さんとはいつセックスしたのかな？」

「えっ……ええと。お、一昨日の晩です」

顔を赤らめる彼女を見ると、私の中にまたむらむらと嫉妬《しっと》心がわき上がり、指で彼女の膣穴をくちゅくちゅとかき回してやりました。彼女は切ない声をあげて腰をくねらせ、私のペニスに熱い眼差しを向けるのです。

「あっ……早く、それで、私を」

「ええ、でもその前に、旦那さんとどんなふうに夜の営みをしたのか、詳しく聞かせてもらえませんか。そうしたら、これでまたイカせてあげますよ」

まずはどこから脱がされるのか、そしてどこから愛撫されるのか。指でされるのか、クンニでイカされるのか、私は微《び》に入り細《さい》をうがって、彼女と旦那のセックスの詳細を聞き、嫉妬と興奮を覚えました。

「あぁ、もうダメ、早く入れてください……」

自分で乳房をもみながら、おねだりする彼女にニヤリと微笑むと、私は騎乗位で彼女を貫きました。

「これすごい、です……下から、突き上げられてますっ！」

最初に注ぎ込んだ精液と、彼女の愛液でドロドロになった彼女の膣穴。それを思いきり突き上げながら、私は彼女とこういう不倫関係になったことの幸せを、あらためて噛みしめるのでした。

私はとある地方の田舎町で、自宅を改修して飲食店を一人で営《いとな》んでいます。小さな定食屋ですが、そこそこ客入りはよく、常連客も増えてきました。おかげでこのご時世でも、どうにかやっていけています。

私が食材の仕入れに契約を結んでいるのが、近所の農家の明石《あかし》さんです。ここの作物は安く仕入れられるうえに、新鮮でおいしいと評判です。うちのような小さな店にとっては、優良な農家と取り引きできるのは大助かりでした。

そしてもう一つ、私たちの取り引きに欠かせないのが、奥さんの弓恵《ゆみえ》さんです。弓恵さんは週に二回、私の店に軽トラックで食材を届けてくれます。年齢は私よりも四つ年上の四十五歳で、生まれも嫁《とつ》ぎ先も農家という農業一筋の女性です。

彼女は顔立ちはそこそことのっていますが、毎日の農作業で年中日焼けしているうえに、化粧をした姿をほとんど見たことがありません。そうしたことに気が回らない、豪快《ごうかい》で男勝りな性格なのです。

どうやら家でもカカア天下らしく、ときたま店に顔を出す旦那さんも「あいつはおれより男っぽくて困る」とぼやいていました。

それでも、ふだんの彼女は明るく話好きで、私とは親しい友だちのような関係です。

「昨日はいい野菜が採れたのよ。ほら、色艶《いろつや》もいいでしょう。スーパーとかに売ってる品なんかより、うちの野菜のほうがずっと品質がいいんだから!」

配達の日には、しばらく私とおしゃべりをして過ごしていきます。いろいろな農業の話を聞かせてくれたり、おいしい調理法もたくさん教えてもらいました。

実は私は以前から、彼女に対して特別な意識を持っていました。

女を感じさせないタイプとはいえ、体つきは出るところは出ていて色気もあります。服を着ていても胸やお尻がむっちりと目立つので、性的な目で見てしまうのは無理もないでしょう。

ただ、男女の仲に発展しそうになったことは一度もありませんでした。いつも大きな声で笑い話ばかりしている彼女が、そういう雰囲気をつくらせないのです。

ところが先日、ある問題が起きてしまいました。天候不順が続いて作物の収穫量が大幅に減り、私の店も満足に仕入れができなくなってしまったのです。

いつもは元気に配達してくれる彼女も、このときばかりは申し訳なさそうに私の店を訪れて謝りはじめました。

「ほんとうにごめんなさい。うちも手を尽くしたんだけど、これぱっかりはどうしようもなくて……」

「仕方ないですよ、今回ばかりは。足りないぶんはよそで仕入れてきますから」

彼女が心配していたのは、私が別の仕入れ先に乗り換え、契約を打ち切ってしまうことでした。そうなれば不作も相まって農家は大打撃です。

しかし私はまったくそんなつもりはなく、仮に仕入れ値が多少高くなっても、これからも彼女の家と取り引きを続けたいのに変わりはない。だから安心してほしいと伝えました。

すると彼女は心から安心したようで、明るく笑いながらこんなことを言いはじめたのです。

「そう言ってもらえるとうちも助かるわ。別のものでお詫《わ》びができればいいんだけど、こんなおばちゃんの体しか残ってないのよ。タダでもいいからもらっとく？」

もちろん冗談でしょうが、私はそれを聞き逃しませんでした。

なにしろ私さえその気なら自分の体を差し出してもいいと、はっきりそう言ったのです。これまで一度たりとも彼女をものにするきっかけをつかめなかっただけに、またとないチャンスでした。

「そうしてもらえるなら、ぜひお願いします」

一瞬、彼女はキョトンとしていましたが、私が本気だと知るとあわてはじめました。

「えっ、ちょっと待って……いいの？　私なんかで。あなたよりずっと年上だし、色気なんかちっともないのよ」

「そんなことないですよ。グラマーでいい体をしてるじゃないですか。正直に言うと、ずっと前から奥さんみたいな人と、そういうことできたらいいなと思ってたんですよ」すると彼女は急にソワソワと落ち着かなくなり、「やだ、どうしよう。お化粧もしてないのに……」なんて言っているのです。

彼女がこんなにあわてる姿を見るのは初めてでした。といってもどこかうれしそうで、私の望みを拒《こば》む気持ちはないようです。

とうとう私は、彼女を家に上がらせることに成功しました。

寝室へ連れていき、布団を敷いて準備をします。待っている間も、彼女はやたら自分の体のことばかり気にしていました。

「さっきはいい体してるって言ってくれたけど、あんまり期待しないでね。見てのとおり肌は日焼けしっぱなしだし、ちっともきれいな体じゃないから」

そんな言いわけをしながら、彼女は布団の前で服を脱ぎはじめました。

着ていたシャツのボタンをはずし、少しずつ肌をさらけ出していきます。日焼けしている部分は浅黒くなっていますが、それ以外は意外にも色白のきれいな肌でした。

私に見られながら脱ぐのが恥ずかしいのか、顔は常に下を向いたままです。

下着は地味なベージュで、よくオバサンがはくような大きいサイズです。ためらいがちにブラをはずし、とうとうショーツまでおろしてしまいました。

すべて脱いでしまった彼女は、布団の上にぺたんと横座りをしたまま、両手で胸と股間を隠しています。

「そんなにジロジロ見ないでよぉ……すごく恥ずかしいんだから」

勝手に私が抱いていたイメージでは、もっと豪快に裸をさらけ出すタイプだと思っていました。しかしまったく正反対で、根は恥ずかしがり屋だったのです。

ふだんは男勝りな彼女が、裸になると一転してしおらしくなってしまうギャップに、私は激しく興奮しました。

「じゃあ、いいですね？」

私が隣へ座って聞くと、彼女は黙ってうなずきました。

それを見て、まずは胸を隠している手を持ち上げさせました。

全体的にふくよかな体つきですが、特に胸は豊かなボリュームです。乳首のサイズも大きくて立派でした。

「やだぁ、もう。垂れてきてるから、あんまり見られたくないの。もう少し若いときなら、もっときれいな形してたのに……」

そうは言うものの、彼女の熟れきった肉体は色気のかたまりそのものです。崩れかけの胸も、やや余ったお腹の肉も、たまらなくそそりました。

私の手が胸をもみはじめると、彼女はじっと身動きもせずに、目を閉じています。

しかし無反応というわけではありません。おとなしくしてはいるものの、次第に呼吸が乱れてきています。

「んっ、んんっ……」

控え目な喘ぎ声を洩らしはじめ、指先で転がしている乳首も硬くなってきました。

どうやらウブなわりには体は感じやすいようです。それを見抜いてしまうと、もっといい反応を引き出してやろうと、愛撫にも力が入りました。

「……なんだか変な感じがするの。いつもは、こんなにゾクゾクしないのに」

彼女も自分の体の変化に、とまどっているようでした。

私が股間に手を伸ばそうとすると、おずおずと自分から足を開いてくれました。股間は濃い陰毛がびっしりと茂っています。おそらく一度も手入れなどしたことがなさそうな生えっぷりでした。

その奥にはやわらかなふくらみがあり、ぷっくりと割れた谷間を指でなぞってやりました。

「ああっ、そこ……」

軽くさわっているだけなのに、谷間の内側がみるみる濡れてきました。

彼女の濡れっぷりにも驚きましたが、それ以上に目を引いたのが感じている表情です。喘ぎながら小さく腰をくねらせ、とても色っぽい仕草でした。

「ひっ……ん！　んっ、あんっ、そんなに……」

指を入れてやると、ますます声が大きくなります。

「ほら、奥までヌルヌルしていますよ」

「やだ、そんなこと言わないでぇ」

感じつつも、恥じらいは忘れていません。私に顔を見られたくはないのか、しきりに首を振っています。

私はさらに彼女を追い詰めようと、指の抜き差しを繰り返しました。

「ああ、それ以上はやめてぇ……おかしくなっちゃう」

限界を迎えたのか、彼女は私の手首をつかんで、そうお願いをしてきました。

私が指を引き抜くと、ホッとした様子です。しかし、股間はグチョグチョに濡れて大洪水になっていました。

今度は私がズボンを脱ぎ、彼女に勃起したペニスを突き出してみせました。

「あっ、やだ、ちょっとぉ。いきなりそんなもの……」

またも照れながらウブな女の子のような反応です。

そのくせ顔にペニスを近づけてもいやがったりはしません。まっすぐに見つめたまま、興味津々なのがありありとわかりました。

「これ、舐めてくれませんか？」

私の要求を、彼女は「しょうがないわねぇ」と素直に受け入れてくれました。

まず舌を出して、ペニスを軽く舐めはじめました。私の目を気にしているのか、口元を手で隠しています。

それほど慣れてなさそうだし、少しばかり舐めてもらえればいいだろうと、そう思っていました。

ところが唇にペニスを含むと、大胆に舌を絡めてくるのです。ねっとりと口全体で包み込みながら、深く咥えてくれました。

「おお……気持ちいいですよ」

私の声に、彼女はクイクイと口を動かしてこたえてくれました。

やはり根は相当なスケベなのでしょう。いったんしゃぶりはじめると、口元を手で隠すことも忘れて、おいしそうにしています。

彼女がフェラチオに没頭しはじめると、私は快感に身をまかせるだけでした。

それにしても、いやらしい舌の動きといい、咥えて離さない唇の色っぽさといい、ふだんの彼女の姿からは想像もつかないほどの女らしさで、いったいどこにこんな淫らな部分を隠していたのか、不思議に思ってしまいます。

しばらくすると、彼女はペニスを咥えたまま、私にチラチラと視線で何かを訴えてきました。

私はそれを、早く抱いてほしいというアピールだと理解しました。自分の口からは言えないので、私にそうしてもらいたいようです。

「これ、入れてほしいんですよね？」

私はペニスを口から引き抜き、わざと意地悪く聞きました。

「もう……わかってるなら聞かないでよぉ」

「ダメですよ。ちゃんと言ってくれないと」

私も早く抱きたかったのですが、どうしても彼女の口から言わせたかったのです。

すると彼女は少し拗《す》ねたように、こう言ってくれました。

「お願いだから、私のあそこに入れてちょうだい」

「あそこって、どこです?」

「……ま○こ」

顔を赤らめながら小さな声で口にした言葉に、私は心から彼女のことをかわいらしいと思ってしまいました。

ご褒美に、彼女を布団の上に横にすると、大きく足を開かせました。

見られるのが恥ずかしい大胆なポーズでも、彼女は素直に従ってくれました。それくらい待ちきれなくなっているようです。

毛深い股間の谷間に、ピンク色の粘膜が濡れています。その奥には小さくすぼまった穴がヒクヒクとうごめいていました。

「ああ……入れて、早くぅ」

谷間に沿ってペニスをこすりつけていると、彼女が我慢できずに身悶《みもだ》えしながら言いました。

これ以上じらすのもかわいそうだと、私は一気に彼女の中へ挿入しました。

「はぁんっ……!」

よほど強い刺激を受けたのか、彼女の背中がビクンと跳ね上がりました。

私は彼女の体に重なりながら、根元まで深々とペニスを埋め込んでみせます。

四十代の膣は締まりよりも、ぬかるんだ感触が抜群でした。奥までたっぷりと温かい液で満たされ、優しく包み込んでくれています。

「ほら、どうです? こんなに深く入ってますよ」

そう言って、腰をグリグリとこすりつけてやると、彼女は再び「ああんっ」と甘い声でこたえてくれました。

「そこ、気持ちいいのぉ……もっと奥まで突いてぇ」

いったん火がついてしまうと、彼女はいやらしく腰をうねらせながら、私におねだりをしてきました。

その動きに煽《あお》られた私は、少しずつ腰の動きを速めていきます。

彼女は私が腰をぶつけるたびに、短く喘ぎ声を発しました。奥深くまで入れられると、快感がより強くなるようでした。

「ああっ、いっ、気持ち……あっ、いいっ！　もっと……」

だんだんと声のトーンが高くなり、表情も切なそうにゆがみはじめました。

これぐらい反応がよければ、動いているこっちも十分に楽しめます。ぽっちゃりした体の抱き心地も悪くありません。

私がそうして腰を振っている間も、彼女の乱れっぷりはますます激しくなるばかりです。

「いっ、イク……イキそうっ！」

まださほど時間もたっていないのに、突然、彼女はそう叫びました。

思わず私は腰の動きを止めようとしましたが、彼女はそれを許してくれません。腕にしがみついて、続けるよう哀願してくるのです。

それならばと、私がさらに勢いをつけてペニスを出し入れさせました。

「あっ、イクぅ……イッちゃう！」

絶叫とともに、背中をのけぞらせて彼女は絶頂に達してしまいました。

もちろん私はまだ射精していません。彼女が一息つく暇もなく腰の動きを再開し、さらによがり声をあげさせました。

驚いたことに、彼女は敏感なだけでなく、連続でイキやすい体質でした。私が腰を振っている間に、何度も同じように叫んではイッてしまうのです。しかも休ませてほしいとは、これっぽっちも思っていないようです。

私もスタミナには自信がありましたが、彼女の底なしの性欲には、かなわないと思いはじめていました。

いよいよ射精が近づいてくると、私もペニスを抜く準備に取りかかりました。さすがに中に出すわけにはいかず、腰を止めて抜こうとした瞬間でした。

「やだ、ダメ……抜いちゃダメ！　お願いだから、最後まで抜かないで」

彼女は私が外に射精するのをいやがり、必死におねだりをしてきたのです。

そこまで言われては、途中で止めるわけにはいきません。思い直してペニスを深く入れたまま、こらえていたものを思い切り吐き出しました。

「う……ううっ！」

膣の奥に、大量の精液が注がれていきます。

私は彼女の体の上で大きく息を吐き出しながら、射精の快感にしばらく動けませんでした。

どういう形であれ、彼女を抱くことができて大満足です。原因となった天候不順にも感謝したいくらいでした。

しばらくすると作物の収穫量も回復し、私の店の仕入れも元に戻りました。

彼女の家とは以前どおりに取り引きを続けています。

しかし一つだけ変わったことがあります。彼女が作物を運んでくるついでに、家に上がり込んで体の関係を迫ってくるようになったのです。

取り引きを続けてくれたお礼ということですが、もちろんそんなのはただの口実で、私とのセックスに夢中になってしまったようです。

店を切り盛りするためとはいえ、性欲旺盛な熟女の相手をするのは、なかなかたいへんです。ある意味でこれも、仕事の一部なのかもしれません。

◉読者投稿手記募集中！

素人投稿編集部では、読者の皆様、特に女性の方々からの手記を常時募集しております。真実の体験に基づいたものであれば長短は問いませんが、最近のSEX事情を反映した内容のものなら特に大歓迎、あなたのナマナマしい体験をどしどし送って下さい。

●採用分に関しましては、当社規定の謝礼を差し上げます（但し、採否にかかわらず原稿の返却はいたしませんので、控え等をお取り下さい）。

●原稿には、必ず御連絡先・年齢・職業（具体的に）をお書き添え下さい。

〈送付先〉
〒101-8405
東京都千代田区神田三崎町２－18－11
マドンナ社
「素人投稿」編集部　宛

◉新人作品**大募集**◉

マドンナメイト編集部では、意欲あふれる新人作品を常時募集しております。採用された作品は、本人通知のうえ当文庫より出版されることになります。

【応募要項】未発表作品に限る。四〇〇字詰原稿用紙換算で三〇〇枚以上四〇〇枚以内。必ず梗概をお書き添えのうえ、名前・住所・電話番号を明記してお送り下さい。なお、採否にかかわらず原稿は返却いたしません。また、電話でのお問い合せはご遠慮下さい。

【送付先】〒一〇一-八四〇五 東京都千代田区神田三崎町二-一八-一一 マドンナ社編集部 新人作品募集係

素人《しろうと》告白《こくはく》スペシャル《すぺしゃる》 隣《となり》の人妻《ひとづま》—夜《よる》の淫《みだ》らな痴態《ちたい》

編者◉素人投稿編集部【しろうととうこうへんしゅうぶ】

発行◉マドンナ社

発売◉二見書房 東京都千代田区神田三崎町二-一八-一一

電話 〇三-三五一五-二三一一(代表)

郵便振替 〇〇一七〇-四-二六三九

印刷◉株式会社堀内印刷所 製本◉株式会社村上製本所 落丁・乱丁本はお取替えいたします。定価は、カバーに表示してあります。

ISBN978-4-576-20123-8 ◉Printed in Japan ◉© マドンナ社

マドンナメイトが楽しめる! マドンナ社**電子出版**(インターネット)……………https://madonna.futami.co.jp/

Madonna Mate